Kommission für Allgemeine und Vergleichende Archäologie
des Deutschen Archäologischen Instituts Bonn

AVA-Materialien

Band 36

Materialien zur
Allgemeinen und Vergleichenden Archäologie

Band 36

Jungbronzezeitliche Gräberfelder im Vachš-Tal, Süd-Tadžikistan

von
L. T. P'jankova

Verlag C.H. Beck · München 1986

Mit zahlreichen Abbildungen

ISSN 0176-7496
ISBN 3 406 30758 2

©Kommission für Allgemeine und Vergleichende Archäologie
des Deutschen Archäologischen Instituts Bonn 1986
Gesamtherstellung: Fieseler Druck GmbH, 5309 Meckenheim
Printed in Germany

Inhalt

Einleitung 7
Grabformen 12
Bestattungssitten 27
Beigabenausstattung 41
Chronologie 56
Wirtschaftliche Verhältnisse 59
Soziale Verhältnisse 61
Religion 69
Gesamtcharakter der Vachš-Tal-Gräberfelder 74
Tabellen 76
Literaturabkürzungen 85
Literatur 87

Einleitung

Südwest-Tadžikistan, eine vergleichsweise flache, hügelige Gegend, zum Pamir-Alai-Gebirgsland gehörig, auch „südtadžikisches Hochland" genannt (Ščukin 1936,50), wird im Nordwesten, Norden und Osten von hohen Gebirgszügen begrenzt und ist nach Süden zum Pjandž- und Amudar'ja-Tal hin offen. Durchzogen wird dieses Gebiet fächerförmig von Gebirgsketten (Höhe 600 bis 2000 m), zwischen denen Flußtäler liegen. Diese verbreitern sich von Norden nach Süden (bis 15 - 25 km); die betreffenden Flüsse münden in den Amudar'ja. Die breite Ebene dieses letzteren reicht bis zu den Gebirgsketten von Bandi-Turkestan und des Hindukusch. Nördlich des südtadžikischen Hochlandes verläuft das Gissar-Tal; im Westen mündet es in das bereits uzbekische Surchandar'ja-Tal.

Klimatisch ist das südwestliche Tadžikistan das wärmste Gebiet der Republik; vor allem die unteren Flußtäler sind subtropisch, mit warmem Winter und sehr heißem, trockenem Sommer. Niederschläge fallen im Winter und im Frühjahr. Heute finden sich in den Flußtälern Auenwälder, dazu Halbsavannen, z. T. mit Wüstenvegetation.

1938 wurde ein Naturschutzgebiet von 52 000 ha Größe angelegt: Tigrovaja Balka, wo noch eine reiche Tierwelt von 33 Säugetiergattungen lebt (Sapožnikov 1973,10; Abdusaljamov/Arutjumov 1968,112).

Die archäologische Erforschung der südtadžikischen Bronzezeitkultur begann 1955, nachdem bereits 1941 erste Zufallsfunde aus dieser Zeit bekannt geworden waren. Am östlichen Stadtrand von Dušanbe wurde bei Erdarbeiten eine Hockerbestattung (Kopf im Osten) mit zehn Gefäßen entdeckt (Smoličev 1949,75 ff.). A. I. Terenožkin vermutete ein Grab von Katakombenform (Terenožkin 1948,76). Im gleichen Jahr wurden bei Bauarbeiten im Kišlak Šaršar (40 km südlich von Dušanbe) drei Gefäße gefunden, die denen von Dušanbe entsprechen. Sie waren gut erhalten und dürften ebenfalls aus einem Grab stammen (Terenožkin 1948,75 f. Abb. 38,1 - 3). Hockerbestattungen mit ähnlicher Keramik wurden auch bei Bauarbeiten im Dušanbener Textilkombinat gefunden (Smoličev 1949,82), ebenso bei der Errichtung eines Wasserspeichers in Dušanbe (Kuz'mina 1972a,139). P. I. Smoličev wies damals diese Funde der Mitte des letzten Jahrtausends v. Chr. zu (Smoličev 1949,82), A. I. Terenožkin in die Griechisch-Baktrische Zeit (Terenožkin 1948,77). 1941 wurde in der Nähe von Šaršar ein kupfernes Ösenbeil gefunden (Terenožkin 1948,75 Abb. 36), andere Kupferbeile weiterhin bei Sangvor, Rayon Komsomolobad

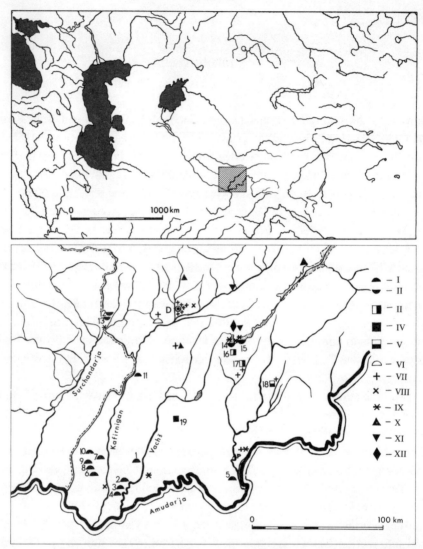

Abb. 1. Bronzezeitliche Fundplätze im südwestlichen Tadžikistan: I Gräberfelder der Viehzüchter-Kulturen. — II Gräberfelder der Molali-Stufe der Sapalli-Kultur. — III Siedlungen der Molali-Stufe. — IV Siedlungen mit Steppen-Bronzen. — V Siedlungen der Spätbronze- und der Früheisenzeit. — VI Gräber der Vachš-Kultur. — VII Keramikfunde der Vachš-Kultur. — VIII Einzelgräber der Molali-Stufe. — IX Keramikfunde des Steppentyps. — X Bronze-Äxte. — XI Bronzene Messer und Dolche. — XII Silbergefäßfragment. — 1 Vachš-Gräberfelder. — 2 Tigrovaja-Schlucht. — 3 Ojkul'. — 4 Džarkul'. — 5 Makonimor. — 6 Rannij Tulchar. — 7 Rannij Aruktau. — 8 Beškent III. — 9 Beškent I. — 10 Beškent II. — 11 Isanbaj. — 12 Tandyrjul. — 13 Zarkamar. — 14 und 15 Nurek-Gräberfelder. — 16 Siedlung Teguzak. — 17 Kangurttut. — 19 Siedlung im Sovchoz Kirov. — D Dušanbe.

(1932) und bei Arakžin in der Nähe von Varsob (1957), in Berggegenden am Rand der südwest-tadžikischen Ebene (Zejmal' 1958,19 ff.; Litvinskij 1961,61; Kuz'mina 1966,8).

Zufälligerweise wurde sodann in der Nähe des Kišlaks Ramit ein singulärer Dolch mit Griffeinlagen aus dem Ende des 2. Jahrtausends v. Chr. entdeckt (Litvinskij 1964,144 f. Abb. 10; Kuz'mina 1966,52 f.; Pogrebova, Členova, 1970,293 ff. Abb. 2,1). Eventuell bronzezeitlich waren auch zwei Hockerbestattungen, die 1947 - 1948 von M. M. D'jakonov bei Tupchona nahe Gissar entdeckt wurden; die eine war mit Hammelknochen und einem Nukleus aus Feuerstein ausgestattet (D'jakonov 1949,50; 1950,157.162; Litvinskij 1961,62).

Ein entscheidender Schritt war die 1955 - 1959 durchgeführte, in einer vorbildlichen Monographie 1968 publizierte Ausgrabung der Bronzezeitgräber im Beškent-Tal an der Mündung des Flußes Kafirnigan (Mandel'štam 1968). Bei diesen bronzezeitlichen Gräbern (von Tulchar 75 Gräber, von Aruktau deren 12) wurden sechs verschiedene Arten von Beerdigungsanlagen festgestellt. Die meisten Gräber (57, alle in der Nekropole Tulchar) waren Gruben mit einer Eingangsrampe. Die Beigabenausstattung zeigt einheitlichen Charakter. A. M. Mandelštam umschrieb aufgrund dieser Gräber eine von ihm so benannte Beškent-Kultur, für die er die Zeit vom 13. bis 9. (im weiteren Sinn vom 14. bis 8.) Jahrhundert v. Chr. in Betracht zog. Er nahm an, daß diese Kultur in den Steppengebieten nördlich Baktriens entstanden und von da in die Mündungsgebiete von Kafirnigan gebracht worden sei. Andererseits betonte er die Verwandtschaft der Funde aus den Beškent-Gräbern mit denen aus Margiana und Süd-Turkmenien (so auch Kuz'mina 1972b,121).

Anfang der fünfziger Jahre entdeckten B. A. Litvinskij und V. A. Ranov im Mündungsgebiet der Flüsse Vachš und Kyzylsu die Hügelgräbernekropole Vachš I, Tirgovaja Balka, Ojkul', Džarkul' und Makonimor. In den sechziger Jahren erfolgte im Rahmen der Tadžikischen Archäologischen Expedition unter Leitung von B. A. Litvinskij die systematische Erforschung dieser Gräberfelder; dabei untersuchte E. A. Jurkevič die Nekropole Vachš I; die örtliche Leitung der anderen Grabungen lag vor allem in den Händen von Ch. Ju. Muchitdinov; 1962 - 1963 wurde in Makonimor gegraben, 1963 - 1967 in Tigrovaja Balka, Ojkul' und Džarkul'. Insgesamt waren es 233 Hügelgräber. Fast alle zeigten eine Katakombenform mit Eingangsrampe, Hockerbestattung und einheitlichem Beigabeninventar. B. A. Litvinskij schlug dafür die Bezeichnung Vachš-Kultur vor, sah in ihr die Hinterlassenschaft einer von Westen neu ins Land gekommenen Ackerbaubevölkerung und setzte sie allgemein in die zweite Hälfte des 2. Jahrtausends v. Chr. (Litvinskij 1964,157 f.; 1967a,126 ff.; 1973,9 ff.; 1981a,156; Gafurov 1972,42; Kijatkina 1974,22 ff.; 1976,18 ff.26 f.; P'jankova 1981b,33 ff.; 1981c,287 ff.; 1973,223 f.; 1974,165 f.; 1978,26 ff.; 1982a,70 ff.; 1982b,41 ff.).

In den folgenden Jahren wurden in Süd-Tadžikistan zahlreiche Einzelgräber mit Keramik dieser Vachš-Kultur entdeckt: in Vororten von Dušanbe (Samojlik 1971;1975); in der Nähe von Gissar (mit 3 Gefäßen und Bronzespiegel); bei Isanbaj, Rayon Lenin (mit 3 Gefäßen); in Alidžon (Denisov 1979,214 ff.); bei Kangurt im Rayon Dangarin (Vinogradova 1980a); bei Karimberdy im Rayon Vosej; weiterhin liegen solche vor von Sarband bei Kyzylkal im Kurgan-Tjube-Gebiet.

Im Jahre 1973 wurde unter Leitung von V. S. Solov'jev die von A. M. Mandel'štam begonnene Erforschung der Nekropolen im Beškent-Tal fortgesetzt. Es wurden drei Gräbergruppen untersucht: Beškent I, II und III. Die erstere ergab Katakombengräber mit Bestattungen und Beigaben, die der Tulchar-Nekropole nahestehen, aber nicht mit dieser übereinstimmen. In der Gräbergruppe II wurde eine dreifache stratigraphische Abfolge von Bestattungen in einer steinernen Kiste entdeckt. Die dritte Gruppe besteht aus Anlagen, die einen Gedenkcharakter tragen (Litvinskij u. a. 1977,76 ff.).

Ende der sechziger Jahre begann auch die Erforschung der Bronzezeitkultur in den angrenzenden Gebieten Süd-Uzbekistans und Nord-Afghanistans (Askarov 1973;1977; Sarianidi 1977). A. Askarov gliederte sie im uzbekischen Teil des alten Baktrien (sog. Sapalli-Kultur) in drei Stufen: Sapalli-Stufe (etwa 1700 – 1500 v. Chr.), Džarkutan-Stufe (etwa 1500 – 1350 v. Chr.) und Molali-Stufe (etwa 1350 – 1000 v. Chr.). Jüngst wurde eine Zweigliederung der jüngeren Sapalli-Kultur vorgenommen: Kuzali-Stufe (13. – 12. Jh.) und Molali-Stufe (11. – 10. Jh.) (Abdullaev 1980,16 f.). Diese Befunde sind für die Beurteilung der südtadžikischen Gräberfelder von großer Bedeutung.

In den siebziger Jahren konnte der Bestand an südtadžikischen Bronzezeitdenkmälern vergrößert werden durch Grabfunde bei Nurek (P'jankova 1975,542 f.; 1979a,78 ff.), Tandyrjul (Vinogradova 1982) und Zarkamar im Gissar-Tal (Litvinskij u. a. 1976,566 f.; Antonova/Vinogradova 1979,93 ff.; Vinogradova 1980b; dies./P'jankova 1977; 1978,554 f.). Einige Gefäße wurden in der Nähe von Ordžonikidzeabad gefunden. Chronologisch lassen sich alle diese Funde der Molali-Stufe der Sapalli-Kultur zuweisen.

In letzter Zeit wurden auch Siedlungen dieser Zeit im südlichen Tadžikistan entdeckt. Ihre Untersuchung wurde in Angriff genommen (Kangurttut: Vinogradova 1978; 1979; 1980; Teguzak: P'jankova 1980a,477 f.; 1979b; 1980b).

Von den Häusern sind aus Kopfsteinen errichtete Fundamente erhalten. Die Keramik umfaßt scheibengedrehte Molali-Ware und solche handgemachter Art, wobei ein Anklang an die Keramik der Steppenzone in Erscheinung tritt. Das gleiche gilt für Metallerzeugnisse von Kangurttut. Die landschaftlichen Verhältnisse der Gegend legen die Annahme nahe, daß hier vor allem Viehzucht getrieben wurde.

Eventuell wurden diese Siedlungen sogar nur in den Sommermonaten bewohnt. Ein Siedlungsplatz der Steppenkultur auf der Kirov-Sovchose wurde 1965 und 1970 untersucht. Eine untere Schicht wird in die Mitte des 2. Jahrtausends v. Chr. gesetzt, eine obere Schicht ans Ende des 2. und an den Beginn des letzten Jahrtausends v. Chr. (Litvinskij/Solov'ev 1972,41 ff.). Weitere Siedlungsfunde stammen vom Nurek-Stausee, aus der Gegend von Karabura und aus dem Rayon Pachtaabad im Gissar-Tal, weiterhin von Karimberdy, Rayon Vosej (dessen obere Schicht gleichzeitig ist mit Fundstellen der Čust-Kultur; Vinogradova 1979). 1977 kam bei Nurek ein Bronzemesser zusammen mit dem Hals eines verzierten Silbergefäßes zutage, das mit dem nordost-afghanischen Fund von Fullal (Dupree u. a. 1971,28 ff.; Tosi/Wardak 1972,9 ff.) zu vergleichen ist (P'jankova 1981,30 ff.).

Im nachfolgenden werden die Befunde und Funde der Bronzezeit-Nekropolen der Vachš-Gruppe in den Mündungsgebieten der Flüsse Vachš und Kyzylsu behandelt. Dabei werden unmittelbar vorgelegt und ausgewertet die Ausgrabungsergebnisse in der größten Nekropole dieser Gruppe, derjenigen von Tigrovaja Balka. Bei der Auswertung werden aber auch diejenigen der anderen Gräberfelder berücksichtigt.

Bei den Ausgrabungen waren beteiligt die Mitglieder der Sektion für Archäologie und Numismatik des A. Doniš-Instituts für Geschichte der Akademie der Wissenschaften der Tadžikischen SSR, Ch. Ju. Muchitdinov, T. P. Kijatkina, Ju. Ja. Jakubov, L. T. P'jankova, V. S. Solov'ev, E. A. Jurkevič, N. W. Turlygin, N. A. Vinničenko und N. Mirzabajev. Die Leitung hatte B. A. Litvinskij.

Grabformen

Obertägig stellen sich die Gräber der Vachš-Kultur als runde Erdhügel von 2 – 14 m Durchmesser und 0,1 – 1,1 m Höhe mit äußerem Steinring und Resten aus Steinsetzungen im Innern dar. Die näherhin untersuchten Nekropolen liegen am rechten Ufer des Flusses Vachš (heute Rayon Kobadian, Kurgan-Tjube-Gebiet): Vachš I, 36,5 km, Tigrovaja Balka 24 km, Ojkul' 12 km, Džarkul' 6 km vom Zusammenfluß von Vachš und Amudar'ja-Pjandž entfernt; Makonimor am rechten Ufer des Flusses Kyzylsu, 8 km von dessen Einmündung in den Amudar'ja-Pjandž entfernt (Abb. 1). Die geomorphologische Lage ist bei allen übereinstimmend auf der oberen Lößterrasse im Vorfeld mäßig hoher Gebirgsketten. Die Grabhügel liegen zu Reihen oder Gruppen beisammen. In Vachš I sind es 50 Kurgane (davon 40 ausgegraben) auf einer 3,6 ha großen Fläche; in Ojkul' 52 Kurgane (alle ausgegraben) auf einer 5,72 ha großen Fläche, in Džarkul' 80 Kurgane (davon 13 ausgegraben) auf einer 8,5 ha großen Fläche, in Makonimor 40 Kurgane (davon 12 ausgegraben) auf einer 6 ha großen Fläche, in Tigrovaja Balka 130 Kurgane (davon 116 ausgegraben) auf einer 54 ha großen Fläche.

Im folgenden wird die zuletzt genannte Nekropole ins Auge gefaßt (Abb. 2).

Die Kurganaufschüttungen lassen sich ihrer Form nach folgendermaßen gliedern:

1. Runde bzw. leicht ovale Aufschüttungen mit Steinringen (48%), Variante a: Der Steinring verläuft am Rand der Aufschüttung (Abb. 3); Variante b: Die Aufschüttung geht über den Steinring hinweg (Abb. 4). Meist bestehen die Steinkränze aus mehreren (2 – 4) Steinreihen, nur selten aus einer Reihe.

2. Runde Aufschüttungen mit doppeltem Steinring (11%: Abb. 5).

3. Runde Aufschüttungen ohne Steinring (35%: Abb. 6).

4. Aufschüttungen viereckiger Form (4%: Abb. 7), mit den Ecken nach den Haupthimmelsrichtungen zeigend.

Die Kurganaufschüttung besteht vorwiegend aus Löß, manchmal mit Einschlüssen von Geröll und Steinen verschiedener Größe. Die Steine kommen in der Regel nur auf der Oberfläche der Aufschüttung zum Vorschein.

Auffallend sind die im nördlichen Teil der Nekropole gelegenen beiden benachbarten Grabhügel 7 und 8 (Abb. 2;8). Es sind große Grabhügel mit Ringmauer (Dm. 13 bzw. 8 m; H. 0,5 m). Kurgan 7 ist dazu noch mit einem Außenring (Dm.

Abb. 2. Plan des Gräberfeldes Tigrovaja-Schlucht.

30 m) umgeben. Ein analoger Ring könnte um den Kurgan 8 vorhanden gewesen sein: 8 m südwestlich von seinem Zentrum wurde eine Steinansammlung festgestellt, die der Rest eines solchen Steinkreises sein könnte. Am bedeutsamsten an

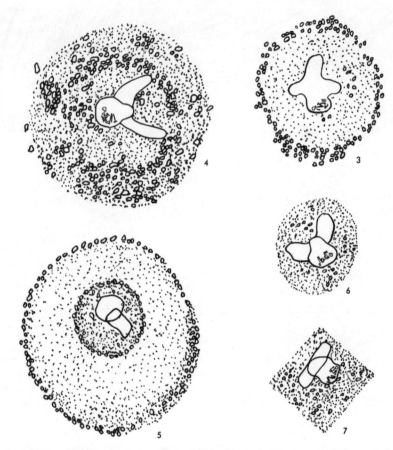

Abb. 3 – 7. Tigrovaja-Schlucht, Kurganformen. 3 Runde Aufschüttung mit äußerem Steinring. – 4 Runde Aufschüttung mit innerem Steinring. – 5 Runde Aufschüttung mit äußerem und innerem Steinring. – 6 Runde Aufschüttung ohne Steinring. – 7 Aufschüttung quadratischer Form.

diesen beiden Kurganen sind aber Kreise von kleinen Hügeln mit Steinring von 2 – 3 m Durchmesser, die die Hügel umziehen. Die Oberfläche vieler dieser kleinen Hügel ist völlig mit Steinen belegt. Um den Kurgan 7 besteht der Kreis aus 20 solchen Hügeln (eventuell einst 21, der Dm. des Kreises beträgt 40 – 43 m), um den Kurgan 8 sind es 41 kleine Hügel (Ringdurchmesser 50 – 52 m). 10 kleine Hügel um Kurgan 7 und 12 um Kurgan 8 wurden ausgegraben. In allen Fällen wurden auf der alten Sohle (Tiefe 0,5 – 0,7 m) Reste eines Feuers als Brandstelle mit Asche- und Holzkohlenresten angetroffen. Im Rahmen des Sepulkralrituals wurde demnach bei beiden Kurganen um diese herum ein Kranz aus Feuern in mäßig (10 – 15 cm) tiefen, rechteckigen oder ovalen Gruben bzw. eigenartigen Herden (Abb. 9) entfacht.

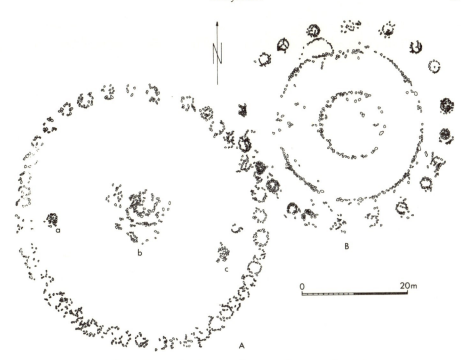

Abb. 8. Tigrovaja-Schlucht. Plan der Kurgane 7 und 8.

Die starken Brandspuren an den Grubenwänden (bis zur Verziegelung) zeugen von der Dauer und Intensität dieser Feuer. Die Feuerstellen um den Kurgan 7 enthielten eine besondere Substanz: Die Asche war hier zu einem dichten Klumpen zusammengebacken; diese Erscheinung wurde bei den Feuerstellen um den Kurgan 8 nicht festgestellt; dafür wurden hier unter den Kohlen kleine kalzinierte Tierknochen (Bock, Hammel?) entdeckt. Nach dem Ritual wurde über jedem Herd ein Hügel aus Erde aufgeschüttet. Dabei kam der Herd unter der Aufschüttung stets in der Hälfte zu liegen, die dem Inneren des Kreises, d. h. der zentralen Grabstätte zugewendet ist. Vergleichbare Befunde wurden in keiner anderen Grabstätte der Vachš-Gruppe festgestellt.

Die Grabanlagen in den Kurganen der Vachš-Gruppe zeigen die sog. Katakombenform. Der Eingangsschacht pflegt bei der Auffindung von oben bis unten mit großen Steinen angefüllt zu sein; dazwischen sitzt lockerer Löß. Diese Steinfüllung ragt in der Regel über das Niveau der alten Oberfläche hinaus und bildet eine Anschüttung, die der Dromosform entspricht. In zwei Fällen wurden unter der Anschüttung Anlagen angetroffen, die mit dem Schacht nichts zu tun hatten. Auf der alten Sohle im Nordteil des Kurgans 118 wurde eine bogenförmige Anlage festgestellt (Abb. 10). Eine ovale Ausmauerung (1,8 x 1,3 m) aus zwei Steinreihen fand sich im südwestlichen Sektor unter der Aufschüttung des Kurgans 7, dicht beim Eingangsschacht. Merkwürdigerweise ging hier die Steinfüllung nicht bis zur Schachtsohle, sondern reicht noch 0,5 m tiefer (ein singulärer Fall). Das Oberteil des Schachtes war mit Löß gefüllt, was seine Auffindung erschwerte.

Die Eingangsschächte haben verschiedene Formen: oval oder rechteckig (überwiegend), dreieckig, T-artig, bogen- oder ⊓-förmig (einmal). Die Bestattungskammern sind Nischen, die von der Sohle des Schachtes gegraben wurden. Der Eingang in die Kammer ist meist bogenförmig, der Grundriß der Kammer oval, rund oder segmentartig. Die Kammern sind bei der Auffindung stets mit Löß gefüllt, nur selten im oberen Teil vermischt mit aus dem Schacht kommenden Steinen.

Im einzelnen kann man fünf Formen der Grabanlagen unterscheiden:

I. Gräber mit Einstiegschacht oval-rechteckiger Form und einer Katakombenkammer an der Schmalseite des Schachtes (32 Gräber, d. h. 39 %: Abb. 10.11.18.19). 12 Gräber haben eine Aufschüttung von der 1. Art, 7 von der 2. Art, 13 von der 3. Art. Die Ausrichtung des Schachtes nach den Himmelsrichtungen schwankt sehr. Die Katakomben liegen meistens an der Nordseite des Schachtes. Die Graphik Abb. 20,I zeigt die Ausrichtung der Gräber der 1. Art. Die geraden Linien deuten die Himmelsrichtungen der Längsachse der Einstiegschächte an; die Ziffern die Anzahl der so orientierten Schächte, die Punkte die Anzahl der so orientierten Katakomben. Ausmaße: Durchmesser der Aufschüttungen 2,1 – 14 m, des Außenringes 12 – 30 m; Höhe der Aufschüttungen 0,1 – 0,9 m; Länge der Schächte 1,4 – 3 m (meistens

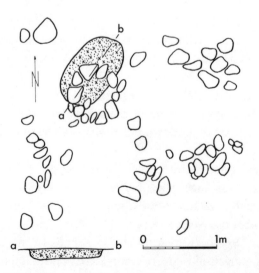

Abb. 9. Tigrovaja-Schlucht. Plan und Schnitt der Feuerstelle aus dem Ring um Kurgan 8.

2 - 2,3 m), Breite (an der Oberfläche) 0,9 - 1,6 m (meist 1 - 1,2 m), Tiefe 0,6 - 3 m (meist 1,5 - 2,5 m); Breite des Katakombeneingangs 0,6 - 1,6 m (meist 0,9 - 1,1 m); Katakombenlänge 1,1 - 2,5 m (meist 1,4 - 1,6 m), Breite 0,6 - 1,9 m, Bogenhöhe des Katakombeneinganges 0,4 - 1,2 m (meist 0,7 - 1,1 m).

II. Gräber mit Schacht oval-rechteckiger Form und Kammer auf der Breitseite des Schachtes (26 Gräber, d. h. 31,7 %: Abb. 12.21.22.23). 9 Gräber haben eine Aufschüttung der 1. Art, 2 der 2. Art, 14 der 3. Art, 1 der 4. Art. Die Ausrichtung des Schachtes und der Kammer nach Himmelsrichtungen ist auf der Graphik Abb.

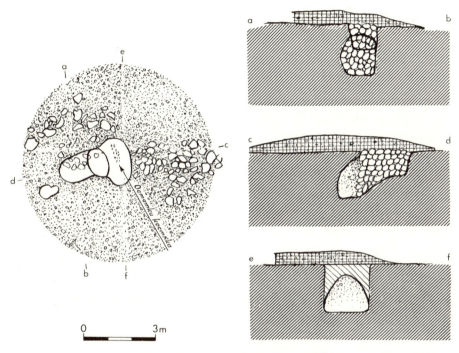

Abb. 10. Tigrovaja-Schlucht. Kurgan 118.

20,II dargestellt: mit Linien angegeben sind die Richtungen der Längsachse des Schachtes, mit Punkten die Anzahl der so orientierten Schächte, mit Pfeilen die Lage der Kammern im Verhältnis zur Schachtlängsachse; wie ersichtlich, ist dabei eine Anlage im Osten des Schachtes vorherrschend. Ausmaße: Durchmesser der Aufschüttung 2,2 - 11 m, des Außenringes 9,4 - 14 m; Höhe der Aufschüttung 0,2 - 1 m; Schachtlänge 1 - 3,2 m (meist 1,9 - 2,2 m), Breite 0,6 - 1,4 m (meist 0,9 - 1,1 m), Tiefe 1 - 2,4 m; Breite des Kammereingangs 0,7 - 1,6 m (meist 0,9 - 1,4 m); Länge der Kammer 1 - 1,2 m, Breite 0,7 - 1,6 m (meist 0,9 - 1,2 m), Höhe des Eingangs 0,5 - 1,2 m.

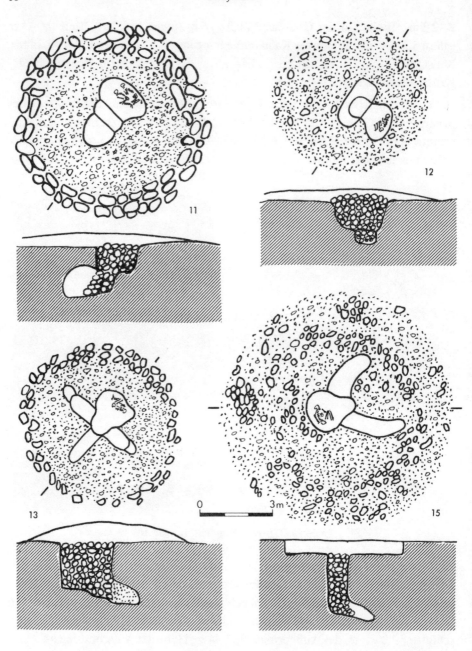

Abb. 11–13.15. Tigrovaja-Schlucht. Grabtypen. 11 Grab mit Dromos und Katakombe. – 12 Grab mit Dromos und Einbruch. – 13 Grab mit T-förmigem Dromos und Einbruch. – 15 Grab mit V-Dromos.

III. Gräber mit T-förmigem Schacht und Kammer auf der Breitseite des Schachtes (8 Gräber, d. h. 9,8 %: Abb. 13;24.25). Alle Gräber haben eine Aufschüttung der 1. Art. Regeln bei der Ausrichtung der Schächte und Kammern nach den Himmelsrichtungen sind nicht festzustellen. Abb. 20,III veranschaulicht die Ausrichtung der Schächte. Ausmaße: Durchmesser der Aufschüttung 5,4 - 12 m; Höhe 0,3 - 0,8 m; Länge des Schachtes meist 1,4 - 2,4 m; Länge des „Kreuzes" meist 1,9 - 3,9 m; Breite des Schachtes meist 0,5 - 0,7 m; Tiefe 1,5 - 2,4 m; Breite des Eingangs 0,6 - 1,4 m (meist 1 - 1,2 m); Länge der Kammer meist 1,4 - 1,6 m; Breite 0,7 - 1,5 m (meist 1 m); Höhe des Eingangs meist 0,7 - 1,2 m.

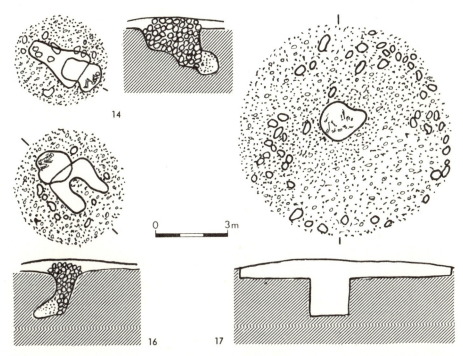

Abb. 14.16.17. Tigrovaja-Schlucht. Grabtypen. 14 Grab mit dreieckigem Domos und Katakombe. 16 Grab mit ⊓-förmigem Dromos. — 17 Sonderform.

IV. Gräber mit Schacht dreieckiger Form und Katakombenkammer auf der Schmalseite des Schachtes (7 Gräber, d. h. 8,5 %: Abb. 14.26.27). Ein Grab hat eine Aufschüttung der 1. Art, eines der 2. Art, fünf der 3. Art. Die Graphik Abb. 20,IV veranschaulicht die Ausrichtung der Schachtachse und der Kammern. Ausmaße: Durchmesser der Aufschüttung 3,3 - 8,1 m, des Außenrings 12,6 - 16 m; Höhe der Aufschüttung 0,25 - 0,5 m; Länge des Schachtes 1,7 - 2,5 m; Breite am Eingang meist 0,4 - 0,5 m; Breite an der Katakombe 1,2 - 1,5 m; Tiefe 1,25 - 2,7 m; Breite des Ein-

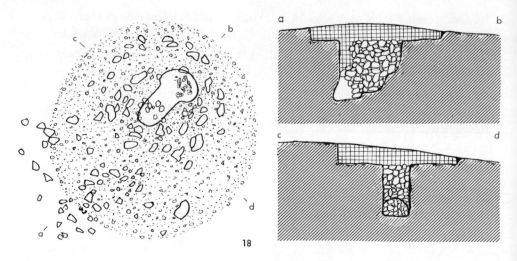

Abb. 18. Tigrovaja-Schlucht. Kurgan 18.

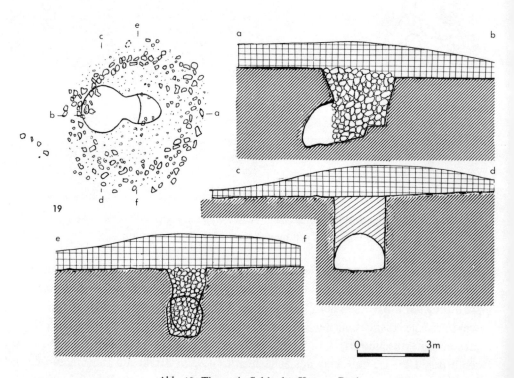

Abb. 19. Tigrovaja-Schlucht. Kurgan B-1.

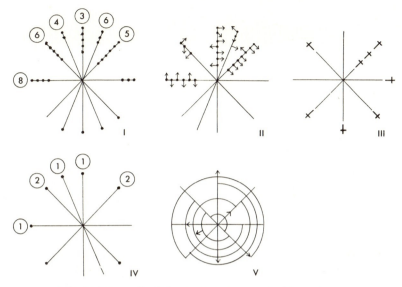

Abb. 20. Tigrovaja-Schlucht. Orientierung der Grabanlagen.

gangs 1 - 1,4 m; Schachtlänge 1,2 - 1,3 m (meist 1,2 - 1,6 m); Breite 0,8 - 1,5 m (meist 1 - 1,1 m); Höhe des Eingangs 0,8 - 1,3 m.

V. Gräber mit bogenförmigem Schacht und Kammer an dessen Mitte (6 Gräber, d. h. 7,3%: Abb. 15.28.29). 4 Gräber haben eine Aufschüttung der 1. Art, 2 der 3. Art. Die Ausrichtung des Schachtes ist unterschiedlich (vgl. Abb. 20,V mit Angabe der Schachtausrichtung; die Pfeile geben die Lage der Kammern an). Ausmaße: Durchmesser der Aufschüttung 2,7 - 11 m; Höhe meist 0,4 - 0,6 m (meist 1,1 m); Länge des Schachtes 3,4 - 6,2 m; Breite 0,6 - 1,1 m; Tiefe 0,6 - 2,5 m. Breite des Kammereinganges 0,9 - 1,1 m; Länge der Kammer 1,5 - 2 m; Breite 0,9 - 1,1 m; Höhe des Eingangs 0,5 - 1,9 m.

Der Eingang in den Schacht ist fast bei allen Grabtypen meist stufenförmig (am häufigsten ein-, seltener zweistufig). Bei den Kammern an einer Schachtschmalseite liegt der Eingang immer an der der Kammer entgegengesetzten Seite. Bei den Kammern an einer Schachtbreitseite liegen die Stufen in der Regel an beiden schmalen Schachtseiten; manchmal sind sie durch eine dritte Stufe auf der Längsseite miteinander vebunden. Bei den Gräbern mit T-förmigem Schacht liegen die Stufen an den beiden Schmalseiten. Bei dem bogenförmigen Schacht wurden Eingangsstufen nur einmal festgestellt.

Grabformen

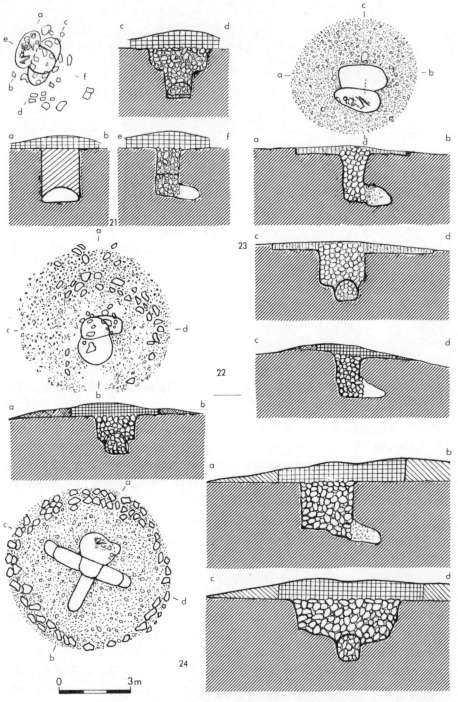

Abb. 21–24. Tigrovaja-Schlucht. Kurgane 30.80 und 26.

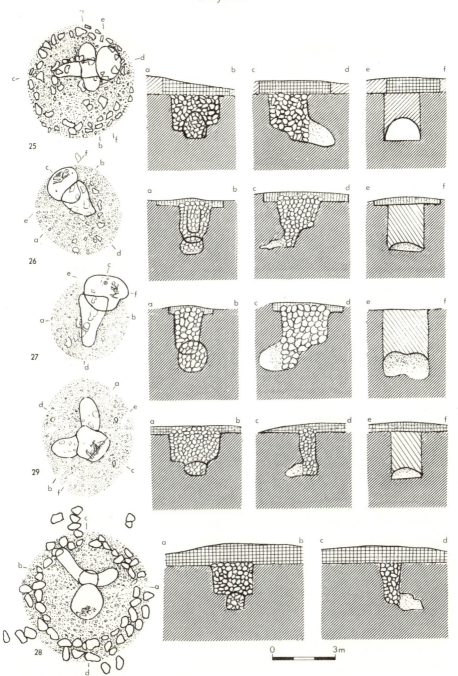

Abb. 25–29. Tigrovaja-Schlucht. Kurgane 42.76.125.102 und 24.

24 Grabformen

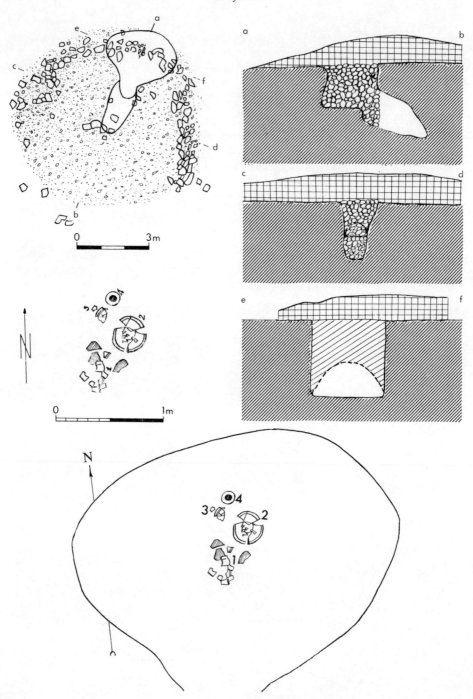

Abb. 30. Tigrovaja-Schlucht. Kurgan B – 2.

Gräber singulärer Form: Ein Grab weist einen ⊓-förmigen Schacht auf (Kurgan 77: Abb. 16). Zwei Kurgane zeigen einfache Grabgruben (Abb. 17). In einem Fall war die Aufschüttung von Art 1, im anderen von Art 3. Die beiden Grabgruben haben unregelmäßige Konturen.

Die Grabform der anderen Nekropolen der Vachš-Gruppe entsprechen denen von Tigrovaja Balka.

Kenotaphe

Anlagen, die keine Bestattungen enthalten, machen in der Nekropole Tigrovaja Balka 29 % der Kurgane aus. Acht dieser Kenotaphe haben eine Aufschüttung der 1. Art, einer der 2. Art, 21 der 3. Art, vier der 4. Art. Der Durchmesser der runden Aufschüttungen beträgt 2,7 - 14 m, der des Außenringes 13,5 - 15 m; die Seitenlänge von viereckigen Aufschüttungen 1,7 - 5,5 m; die Höhe der Aufschüttungen 0,3 - 1,1 m. Dem Aussehen und der Größe nach unterscheiden sich die Kenotaphe nicht von den Kurganen mit Bestattungen; nur scheinen Steinringe bei Kenotaphen nicht so oft vorzukommen wie bei jenen. Auffällig ist auch, daß von den fünf viereckigen Kurganen vier Kenotaphe sind. Bei den Kenotaphen sind vier Formen zu unterscheiden:

1. Bloße Aufschüttungen auf der alten Oberfläche ohne eingetiefte Anlage (53 %).

2. Unter einer Aufschüttung eine Steinsetzung auf der alten Oberfläche (21 %). Die Form dieser Steinsetzung ist in fünf Fällen unregelmäßig, einmal viereckig, einmal bogenförmig.

3. Unter einer Aufschüttung eine eingetiefte Grube (18 %).

Diese letzteren waren anscheinend Schachtimitationen. Die meisten Gruben waren rechteckig, eine oval und eine T-förmig. Diese Formen entsprechen denen der Schächte von Bestattungskurganen. Abweichend davon ist nur ein Kenotaph, dessen Grube eine quadratische Form aufweist (1,7 x 1,7 m). Die Übereinstimmung zwischen den Gruben der Kenotaphe und dem Schacht von Bestattungskurganen besteht auch darin, daß die ersteren ebenfalls mit großen Steinen und Löß angefüllt sind. Länge der Gruben 1 - 2,6 m; Breite 0,6 - 1,5 m; Tiefe 1,5 - 1,9 m.

4. Unter einer Anschüttung ein Schacht mit Katakombe (9 %). Der Schacht aller drei hierhergehörigen Anlagen hat rechteckige Form. In zwei Fällen liegt die Kammer an der Schmalseite des Schachtes, in einem Fall an der Breitseite. In allen Fällen weist der Schacht oben eine Stufe auf. Länge des Schachtes 2 - 2,3 m; Breite 1,2 -

1,5 m; Tiefe 1,5 - 2,5 m; Länge der Kammer in zwei Fällen 1,8 - 2,1 m; Breite 1,1 - 1,2 m; Höhe des Eingangbogens 0,7 - 0,8 m. Die dritte Kenotaphkammer (Kurgan B 2 : Abb. 30) ist die größe der Nekropole, (Länge 2 m, Höhe des Eingangbogens 1,5 m). Die letztgenannte Kammer ist der einzige Kenotaph, der eine Beigabenausstattung aufweist: vier Gefäße (s. S. 41), in einem davon Schafrippen. Abweichend von den Bestattungskammern war hier auch die Kammer mit Steinen angefüllt.

Kenotaphe sind auch in den anderen Gräberfeldern der Vachš-Gruppe in einiger Anzahl zum Vorschein gekommen. In Ojkul' betragen sie 34,6 % der ausgegrabenen Kurgane, in Vachš I 38,5 %, in Džarkul' und Makonimor je 14,3 %. Typologisch und prozentual entsprechen sie denen von Tigrovaja Balka. Bei den Kenotaphen von Ojkul' ist bezeichnend, daß sie Gefäße unter der Aufschüttung, auf der alten Oberfläche enthalten.

Wenngleich die Lage der Kenotaphe innerhalb der Gräberfelder keinen festen Regeln unterworfen ist, scheinen sie doch gehäuft an den Rändern der Nekropolen vorzukommen. Besonders deutlich zeigt sich dies in Ojkul'.

Bestattungssitten

Die Gräber der Vachš-Gruppe enthalten ausschließlich liegende Hockerbestattungen (ausnahmsweise mit einer Drehung auf den Rücken oder den Bauch). Dabei sind die Arme an den Ellenbogen und die Beine an den Knien gewinkelt (Abb. 31.32). Von insgesamt 54 Bestattungen in Tigrovaja Balka, die ungestört oder nur unwesentlich gestört angetroffen wurde, gehören 31 dieser Lageform an. Bei 8 Skeletten waren die Beine sehr stark angezogen (die Fersen sind an das Becken gedrückt: Abb. 33.34). Bei einer dritten Gruppe (15 Skelette) ist eine starke Krümmung festzustellen (die Fersen berühren das Becken, die Knie sind entweder an den Körper gedrückt oder bis auf die Brust, manchmal sogar bis zum Schädel geschoben: Abb. 35.36). Die meisten Beigesetzten haben die Hände vor dem Gesicht liegend. In 7 Fällen sind abweichend von dieser Regel die Arme nicht so stark gewinkelt; ein Arm liegt auf dem Körper (in 6 Fällen der linke Arm und in einem Fall der rechte). In den meisten Gräbern liegt der Bestattete mit dem Gesicht zum Eingang. Eine außergewöhnliche Lage der Arme war bei dem Toten in Grab 28 festzustellen: Die Arme sind am Ellbogen nur leicht gewinkelt, fast gerade ausgestreckt, sodaß die Unterarmknochen der beiden Arme zwischen den Schenkelknochen der Beine liegen.

Die Skelette pflegen unmittelbar auf der Kammersohle zu liegen. In 22 Gräbern lag der Schädel auf einem rechteckigen Tonsockel, offenbar einer Art „Polster".

Die Orientierung der Bestatteten ist unterschiedlich. Von insgesamt 64 bestimmbaren Skeletten lagen 23 mit dem Kopf im Norden, 12 im Westen, 14 im Osten, 5 im Süden, 5 im Nordosten, 3 im Nordwesten, 2 im Südwesten.

Die meisten Gräber enthielten eine Einzelbestattung, 4 eine gleichgerichtete Paarbeisetzung. Der schlechte Erhaltungszustand gestattete nur bei 23 Schädeln eine Untersuchung im Labor (Kijatkina 1974,22 ff.; 1976,37 ff.); Geschlecht und Alter von 37 weiteren Beigesetzten wurden an Ort und Stelle bestimmt. Von 60 Schädeln wurden 30 als männlich (11 davon im Labor untersucht) klassifiziert, 30 als weiblich (12 davon im Labor untersucht).

Die meisten Männerbestattungen lagen auf der rechten Körperseite, mit dem Gesicht zum Kammereingang (Abb. 37.38). Von den 18 hierhergehörigen Bestattungen lagen sechs auf dem Rücken, aber jeweils deutlich etwas zur rechten Seite gedreht (das Gesicht und die Knie dem Eingang zugewandt: Abb. 39). Zweimal hatten die Toten jedoch das Gesicht nach unten gedreht (Abb. 40). In 4 Gräbern weicht die Lage der Männer von der sonstigen Regel ab, jeweils auf der linken Seite liegend, dabei zweimal mit dem Gesicht zum Eingang (Abb. 41), zweimal mit dem Rücken zum Eingang (Abb. 42).

Die meisten Frauenbestattungen lagen auf der linken Körperseite, mit dem Gesicht zum Eingang der Kammer (Abb. 43, so 14 von 30 Frauenbestattungen). Fünf Tote lagen stattdessen mit dem Rücken zum Eingang (Abb. 44); fünf weitere auf der rechten Körperseite mit dem Gesicht zum Eingang (Abb. 45), vier auf dem Rücken mit einer Drehung zur rechten Seite, das Gesicht und die Knie dem Eingang zugewandt (Abb. 46), eine weitere mit dem Gesicht nach unten, aber zur rechten Seite, dem Eingang zugedreht (Abb. 47) und eine auf der linken Seite mit dem Rücken zum Eingang (Abb. 48).

Die meisten Männer und Frauen waren in beträchtlichem Alter gestorben. Auch die Anzahl der im erwachsenen Alter Verstorbenen ist beachtlich. Einige Jugendliche erreichten ein Alter von etwa 15 Jahren. Auffällig gering ist in Tigrovaja Balka die Anzahl der Kinderbeisetzungen. Nur einmal wurde in einer Grabgrube ein Kind von etwa 1 Jahr angetroffen. Ähnlich, d. h. in einer einfachen Grabgrube war auch ein Jugendlicher von 14 - 15 Jahren beigesetzt. Die übrigen Halbwüchsigen besaßen dieselbe Grabform wie die Erwachsenen.

In 18 Gräbern konnten die Skelette nicht mehr anthropologisch bestimmt werden, davon lagen 4 auf der rechten Körperseite mit dem Gesicht zum Eingang, 2 auf der linken Seite mit dem Gesicht zum Eingang.

In 9 Gräbern wurden die Skelette in völlig gestörtem Zustand angetroffen (Kurgane 9,10,11,14,16,37,38,50,118: Abb. 49). Jedoch handelt es sich hier schwerlich um einen herrschenden Beerdigungsbrauch, sondern um sekundäre Störungen, wobei über deren Grund keine Klarheit gewonnen werden konnte.

Bei Grab 15 fehlt an dem sonst gut erhaltenen Skelett der Schädel (Abb. 50); bei Grab 48 fand sich dagegen von dem Skelett nur der Schädel (Abb. 51). Hier erscheint es möglich, daß wir es mit besonderen sepulkralrituellen Zügen zu tun haben.

Ein bestimmtes Verhältnis zwischen Geschlecht, Alter, Orientierung und Art der Grabanlagen kann nicht festgestellt werden.

Vier Gräber enthielten Doppelbestattungen (Nr. 6,8,23 und 36). Es gibt keine Anzeichen dafür, daß die beiden Verstorbenen zu *einem* Zeitpunkt beigesetzt worden wären: Beide Skelette lagen jeweils auf demselben Niveau, ohne daß eine Störung des einen durch den anderen festzustellen gewesen wäre. Ihrer Anlage, Größe und Form nach unterscheiden sich diese Doppelgräber nicht von den Gräbern mit Einzelbestattungen. Eine Ausnahme bildet nur Kurgan 8, von dem oben die Rede war.

Die Kurgane 6 und 8 enthielten jeweils einen Mann und eine Frau, die mit dem Gesicht einander zugewandt lagen. In Kurgan 6 (Abb. 52) lag der Mann auf der rechten Seite mit einer starken Drehung auf den Rücken, mit dem Gesicht zum Einang der Kammer, der linke Arm war zu einem rechten Winkel gebogen, die Hand lag vor dem Bauch, der rechte Arm war etwas stärker gebogen; die Hand lag vor dem Gesicht und berührte gleichzeitig das Gesicht der Frau; die Beine waren an den Knien sehr stark gebogen; die Fersen berührten das Becken. Die Frau lag auf der linken Seite, mit dem Rücken zum Eingang, ganz dicht an den Mann gerückt, mit dem Kopf sein Gesicht berührend. Ihre Stellung war besonders stark gekrümmt: Beide Arme waren dicht an den Köprer gedrückt, die Hände unter der linken Wange; das Rückgrat bildete einen Bogen; die Knie lagen vor dem Gesicht. Vermutlich war die Verstorbene eingewickelt. Ihre Zehen berührten die Knie des Mannes. Der Mann hatte ein beträchtliches Alter, die Frau war greisenhaft.

In Kurgan 8 (Abb. 53) lag der Mann auf der linken Seite, mit dem Gesicht zum Eingang der Kammer, die Frau auf der rechten Seite, mit dem Rücken zum Eingang. Das Skelett der Frau war im Gegensatz zu dem des Mannes wiederum sehr stark gekrümmt (die Knie lagen vor dem Gesicht). Allerdings waren hier die Fersen vom Becken weiter entfernt. Das Alter der beiden konnte nicht mehr ermittelt werden.

In Kurgan 23 (Abb. 54) waren zwei junge Männer (20 – 25 Jahre) nebeneinander liegend begraben. Beide ruhten auf der rechten Seite, mit dem Gesicht zum Eingang. Die Krümmung war nicht übertrieben. Beide hielten die rechte Hand an der rechten Wange. Bei dem vorderen war der linke Arm gewinkelt; die Hand berührte beinahe das Knie. Bei dem hinteren Skelett war die linke Hand nicht erhalten; vermutlich berührte sie den Rücken des vorderen.

Kurgan 36 (Abb. 55) enthielt eine junge Frau und ihr neugeborenes Kind. Die Frau lag mit dem Rücken zum Eingang, mit dem Gesicht beinahe nach unten. Die Hände waren zum Kopf gerichtet. Das Skelett des Säuglings war sehr schlecht erhalten. Wahrscheinlich lag es in der Brustgegend der Mutter. Möglicherweise war die Frau bei der Entbindung gestorben.

Allgemein in Nord-Baktrien nachweisbar ist der Brauch, daß Männer als liegende Hocker auf der rechten Seite, Frauen entsprechend auf der linken Seite liegen (Askarov 1977,151; Abdullaev 1980,6; Mandel'štam 1968,54). Ausnahmen sind in den meisten Nekropolen selten (nur Männerbeisetzungen betreffend: in Sapalli-Tepe dreimal auf der linken Seite: Askarov 1973,44 ff.; Chodžajov 1977,18; in Džarkutan zweimal ebenso: Askarov 1977 Taf. 13.14; Tulchar einmal: Mandel'štam 1968,39); in Tigrovaja Balka ist diese Regel zwar auch erkennbar; aber die Ausnahmen treten doch stärker hervor: bei den Männergräbern 4 gegenüber 26, bei den Frauengrä-

30 Bestattungssitten

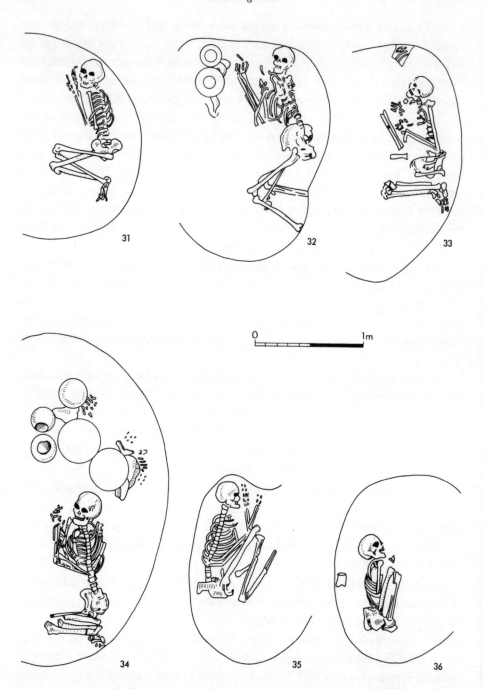

Abb. 31–36. Tigrovaja-Schlucht. Hockerbestattungen. 31 Kurgan 81. – 32 Kurgan 86. – 33 Kurgan 102. – 34 Kurgan 126. – 35 Kurgan 82. – 36 Kurgan 99.

Bestattungssitten

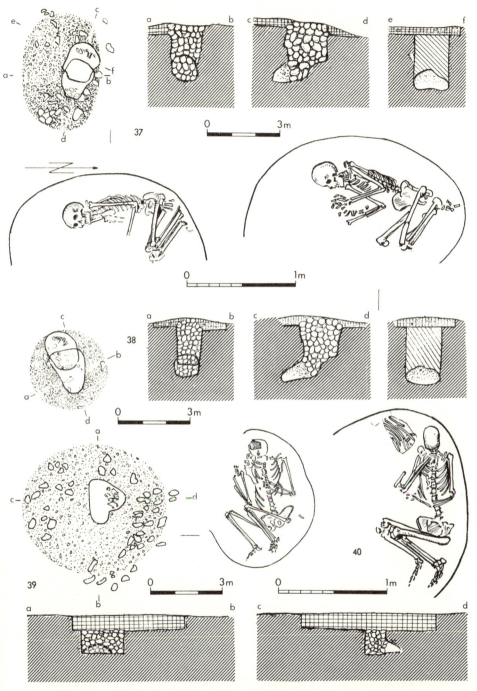

Abb. 37–40. Tigrovaja-Schlucht. Männerbestattungen. Kurgane 117.123.13.120.

32 *Bestattungssitten*

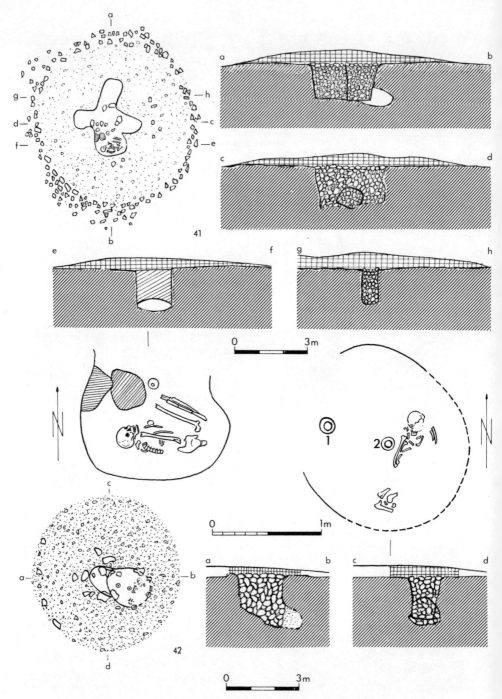

Abb. 41.42. Tigrovaja-Schlucht. Kurgane 3 und 61 mit Männerbestattungen.

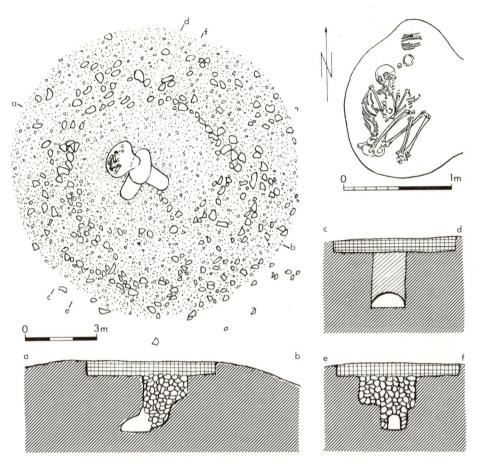

Abb. 43. Tigrovaja-Schlucht. Kurgan 17 mit einer Frauenbestattung.

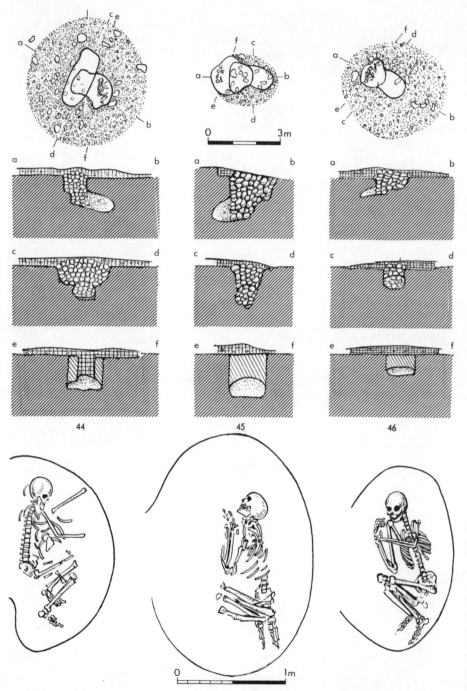

Abb. 44–46. Tigrovaja-Schlucht. Kurgane 69.114 und 97 mit Frauenbestattungen.

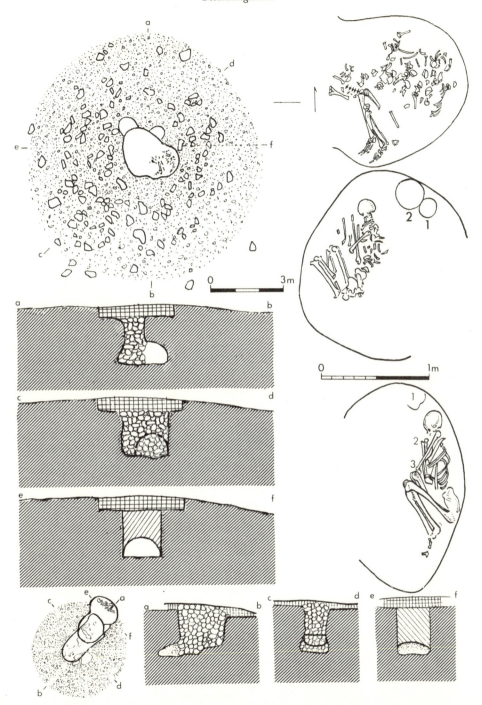

Abb. 47–49. Tigrovaja-Schlucht. Kurgane 93.26 und 16 mit Frauenbestattungen.

36 Bestattungssitten

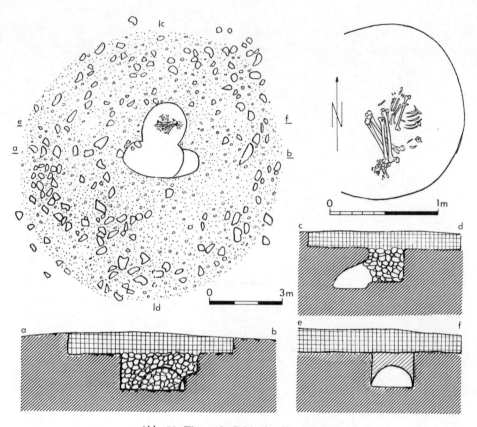

Abb. 50. Tigrovaja-Schlucht. Kurgan 15.

Bestattungssitten

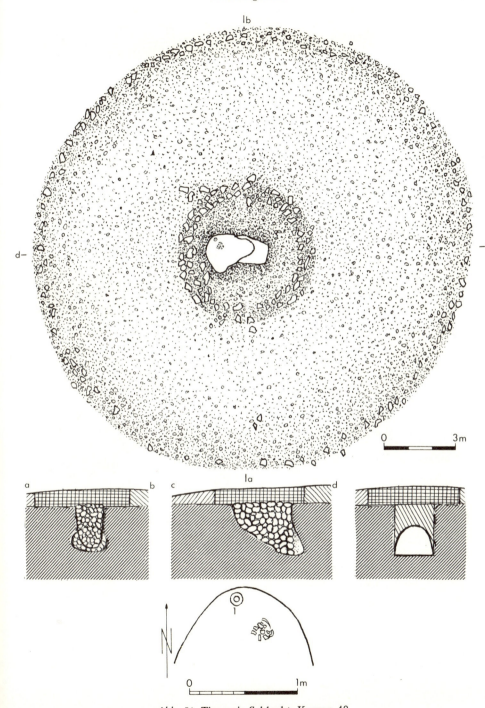

Abb. 51. Tigrovaja-Schlucht. Kurgan 48.

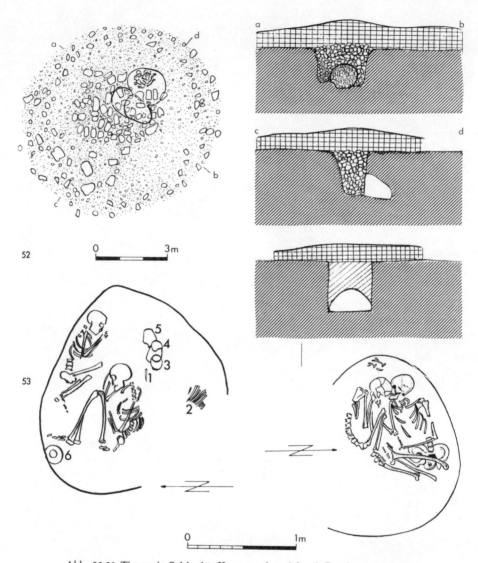

Abb. 52.53. Tigrovaja-Schlucht. Kurgane 6 und 8 mit Paarbestattungen.

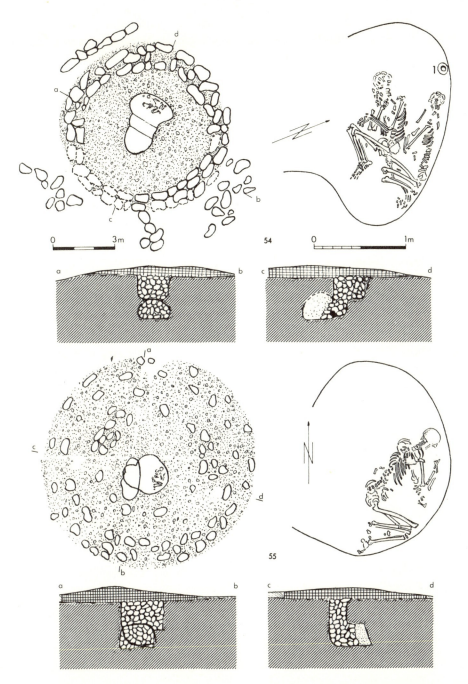

Abb. 54.55. Tigrovaja-Schlucht. Kurgan 23 mit Paarbestattung und Kurgan 36 mit Frauenbestattung und Neugeborenem.

bern 11 gegenüber 19. Was die Ausrichtung des Toten anlangt, so herrscht in den fraglichen Nekropolen allgemein die Lage des Kopfes im Norden vor, wenngleich es davon durchaus Abweichungen gibt, in den Nekropolen des Vachš-Tales sogar in einiger Anzahl. Bei dem Gräberfeld von Dašly 3 versuchte L. Chlopina (1980,3 ff.) glaubhaft zu machen, daß Männer auf der linken und Frauen auf der rechten Seite liegen würden; dabei berücksichtigte sie jedoch nicht einige in dieser Hinsicht wichtige Fundgattungen wir Armringe, Lockenringe, Nadeln u. a., die in dieser Kultur hauptsächlich Frauen kennzeichnen. Tut man dies, so wird deutlich, daß auch in Dašly 3 im wesentlichen Frauen — wenngleich nicht ausschließlich — auf der linken Seite liegen, ähnlich wie dies in der Vachš-Gruppe der Fall ist. Der Katakombengrabtyp ist außer in Altbaktrien (Mandel'štam 1968,58; Litvinskij u. a. 1977,76 ff.; Askarov 1977,38 ff.; Sarianidi 1977,55) während der Bronzezeit auch in anderen Gebieten Mittelasiens bekannt (Guljamov u. a. 1966,118 ff.; Kuz'mina 1958,24 ff.; Chlopin 1984), ebenso aber in der südrussischen Steppe und darüber hinaus, so in Iran (Tosi/Piperno 1975,121 ff.; Piperno/Tosi 1975,186 f.).

Grabanlagen der Vachš-Kultur finden Entsprechungen sowohl bei seßhaften Ackerbauern als auch bei nomadischen Viehzüchtern. Von den ersteren unterscheiden sie sich jedoch durch ihre Grabhügelaufschüttung mit oder ohne Steinring. Diese Eigenart ist bei Steppenstämmen sehr verbreitet, was als Hinweis auf die Herkunft dieser Grabform in der Vachš-Kultur angesehen werden kann.

Anthropologisch gehören die untersuchten Skelette der Vachš-Gräberfelder zum europäischen, dolichokranen und leptomorphen Typ (Kijatkina 1976,25).

Beigabenausstattung

Die Grabbeigaben der Tigrovaja Balka bestehen aus Tongefäßen, Metall-, Stein-und Knochen-Gegenständen, dazu in zwei Gräbern je einer Glasperle. Von 116 ausgegrabenen Gräbern enthielten 57 solche Beigaben. In 12 Gräbern fand man Reste von Fleischstücken in Form von Rippen von Schaf/Ziege in anatomisch richtigem Verband. Auch andere Beisetzungen enthielten ähnliche Reste von Fleischstücken. In 16 Gräbern fehlten Beigaben; dasselbe gilt von den Kenotaphen, ausgenommen einem.

Keramik steht quantitativ an erster Stelle. Insgesamt wurden in der Tigrovaja Balka 84 Gefäße zutage gefördert, davon 4 als Bruchstücke. Diese Keramik verteilt sich auf 49 Gräber. Davon enthielten 28 Gräber jeweils ein Gefäß, 14 Gräber deren zwei, 2 Gräber deren drei, 3 deren vier (eines davon B 2, ein Kenotaph), 2 Gräber deren fünf. Die meisten dieser Gefäße sind handgeformt (70,6 %: Abb. 56 - 58), ein Teil ist scheibengedreht (29,4 %: Abb. 59,60). Bemerkenswert ist, daß typologisch handgeformte und scheibengedrehte Gefäße oft einander sehr ähnlich sind, wenngleich es freilich Typen gibt, die nur in der einen oder der anderen Gattung vorkommen. Wir gliedern die Keramik in sieben Gruppen, die insgesamt 18 Typen umfassen.

I. Kochtöpfe:

Alle sind handgeformt, stark verrußt, aus sprödem, porösem Ton mit zahlreichen großen Mineraleinschlüssen von weißer Farbe gefertigt. *Typ 1* weist einen runden oder zugespitzten Boden auf (12 Expl.: Abb. 61), *Typ 2* einen flachen Boden (4 Expl.: Abb. 62). Diese Töpfe variieren in der Größe, sie bilden aber eine einheitliche Gruppe. Mitunter verläuft auf der Schulter eine aufgesetzte Kerbleiste (Abb. 61,5;62,4) oder eine einfache Eindruckreihe (Abb. 61,6). Beim Typ 1 beträgt die Höhe 12,5 - 23 cm; der Randdurchmesser 8,5 - 12,1 cm; die Wandungsdicke 0,5 - 0,8 cm; beim Typ 2 die Höhe 10,7 - 16,7 cm; der Randdurchmesser 7,4 - 12,5 cm.

II. Flaschen:

Diese Gruppe umfaßt recht unterschiedliche Formen (Abb. 63). Allgemein sind sie geschweift, mit etwas ausladendem Rand versehen sowie einem Standboden. Vier Typen sind zu unterscheiden — *Typ 3*: Flaschen, die typologisch den Töpfen nahestehen (3 Expl.: Abb. 63,1 - 2). Ein feintoniges, sorgfältig geformtes Stück zeigt Linien im Halsknick (Abb. 63,3). — *Typ 4* ist in einem hell engobierten Exemplar vertreten (Abb. 63,4), das Spuren der Töpferscheibe und Nähte einer Zusammensetzung aus drei Teilen zeigt. — *Typ 5*, in 2 Exemplaren vorliegend (Abb. 63,5.6), ist grob modelliert und unregelmäßig. — *Typ 6*, in einem Exemplar vorliegend (Abb. 63,7), ist ebenfalls asymmetrisch und wenig sorgfältig geformt. Eine einzige Flasche besitzt auf der Schulter zwei Ösen (Abb. 63,8;57,2). — Die Höhe der Flaschen schwankt zwischen 11,9 und 20,7 cm; der Mündungsdurchmesser zwischen 5,2 und 10,4 cm.

Abb. 56 – 58. Tigrovaja-Schlucht. Handgeformte Gefäße.

Beigabenausstattung 43

Abb. 59.60. Tigrovaja-Schlucht. Scheibengedrehte Gefäße.

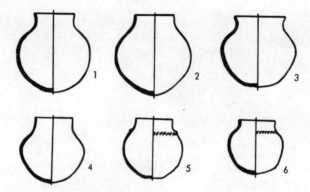

Abb. 61. Tigrovaja-Schlucht. Keramik. Gruppe I: Kochtöpfe; Typ 1. – 1 Kurgan 126; 2 Kurgan 125; 3 Kurgan 8; 4 Kurgan 130; 5 Kurgan 22; 6 Kurgan 70.

Abb. 62. Tigrovaja-Schlucht. Keramik. Gruppe I: Kochtöpfe; Typ 2. – 1 Kurgan 86. 2 Kurgan 40; 3 Kurgan 3; 4 Kurgan 58.

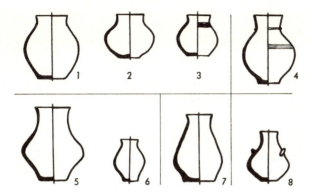

Abb. 63. Tigrovaja-Schlucht. Keramik. Gruppe I: Flaschen; Typen 3 - 6. — 1.2 Kurgan 40; 3 Kurgan 123; 4 Kurgan 10; 5.8 Kurgan 37; 6 Kurgan 42; 7 Kurgan 31.

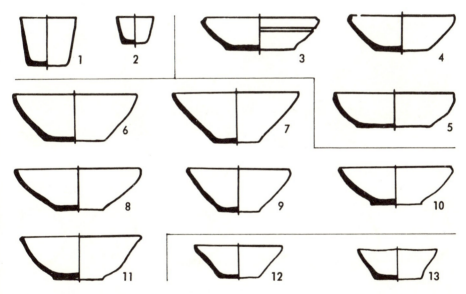

Abb. 64. Tigrovaja-Schlucht. Keramik. Gruppe III: Schalen, Terrinen, Schüsseln; Typen 7 - 11. — 1 Kurgan 78; 2 Kurgan 32; 3 Kurgan 10; 4 Kurgan 25; 5 Kurgan 1; 8 Kurgan 73; 7 Kurgan 126; 9 Kurgan 93; 11 Kurgan 5; 12 Kurgan 40; 13 Kurgan 41.

Abb. 65. Tigrovaja-Schlucht. Topfartige Gefäße.

Abb. 66. Tigrovaja-Schlucht. Topfartige Gefäße.

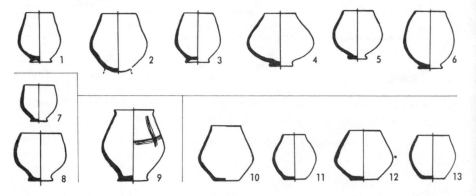

Abb. 67. Tigrovaja-Schlucht. Keramik. Gruppe IV; Doppelkonische Töpfe. – 1 Kurgan 18; 2 Kurgan 86; 3 Kurgan 105; 4 Kurgan 47; 5 Kurgan 99; 6 Kurgan 48; 7.12 Kurgan 122; 11 Kurgan 52; 13 Kurgan 55.

Abb. 68. Tigrovaja-Schlucht. Dosenartige Gefäße.

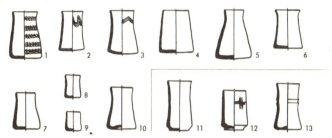

Abb. 69. Tigrovaja-Schlucht. Keramik. Gruppe V: Steilwandbecher vom Typ 14. – 1 Kurgan 23; 2 Kurgan 17; 3 Kurgan 125; 4 Kurgan 8; 5.8 Kurgan 99; 6.11 Kurgan 37; 7 Kurgan 82; 9 Kurgan 25; 10 Kurgan 94; 12 Kurgan 93; 13 Kurgan 108.

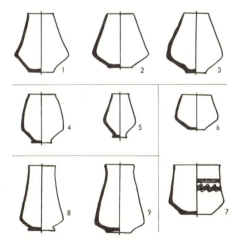

Abb. 70. Tigrovaja-Schlucht. Keramik. Gruppe VI: Doppelkonische Gefäße; Typen 15–18. – 1 Kurgan 81; 2 Kurgan 126; 3 Kurgan 1; 4 Kurgan 7; 5 Kurgan 8; 6 Kurgan 85; 7 Kurgan 26; 8.9 Kurgan 50.

Abb. 71. Tigrovaja-Schlucht. Doppelkonische Gefäße.

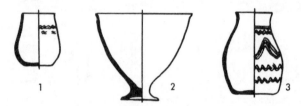

Abb. 72. Tigrovaja-Schlucht. Keramik. Gruppe VII: Sonderformen. — 1 Kurgan 40; 2 Kurgan 5; 3 Kurgan 46.

III. Schalen, Schüsseln, Terrinen:

Typ 7: Näpfe, handgeformt (2 Expl.: Abb. 64,1.2), Höhe 6,7 - 11,8 cm. Mündungsdurchmesser 8,8 - 14,1 cm. — Die Schüsseln sind in zwei Typen einzuteilen: *Typ 8:* Schüsseln, Rand nach innen gebogen, scheibengedreht (3 Expl.: Abb. 64,3 - 5), außen und innen mit heller Engobe bestrichen. Höhe 7,4 - 8,9 cm; Mündung 25,9 - 29,6 cm. — *Typ 9:* Konische Schalen (9 Expl: Abb. 64,6 - 11), außen und innen mit heller Engobe bestrichen. Höhe 8,9 - 11,8 cm; Mündung 25,2 - 30,4 cm. — *Typ 10:* Kleine Schalen (2 Expl.: Abb. 64,12.13), hell engobiert. Höhe 7,4 - 8 cm; Mündung 20 - 21,5 cm.

IV. Doppelkonische Töpfe (Abb. 65.66):

Typ 11: Bauchige Töpfe, 3 Expl., handgeformt, 3 Expl. scheibengedreht, die ersteren mit Fußring, die letzteren mit flachem Boden, alle innen und außen mit heller Engobe bestrichen. Höhe 13,7 - 17,3 cm; Mündung 8,1 - 10,4 cm. — *Typ 12:* Töpfe mit steilerem Oberteil (2 Expl.: Abb. 67,7.8), scheibengedreht, mit heller Engobe versehen. Höhe 9,6 - 13,7 cm; Mündung 9,6 - 12,6 cm. — *Typ 13:* Einfache rauhwandige Töpfe (4 Expl.: Abb. 67,10 - 13). Höhe 11,9 - 15,6 cm; Mündung 6,6 - 9,7 cm. — Ein scheibengedrehtes Exemplar besitzt einen nach außen gebogenen Rand (Abb. 67,9) mit einem eingerillten Kreuz auf der Schulter. Höhe 19,2 cm.

V. Steilwandbecher (Abb. 68.69):

Typ 14: Becher mit breitem Boden (Abb. 69,1 - 10). Drei Exemplare weichen davon etwas ab (Abb. 69,11 - 13). Einige zeigen Wellen- oder Zickzackrillen; vier (Abb. 69,1.3.4.12) haben einen hellen Engobeanstrich. Von den 16 Expl. sind 12 handgeformt, 4 scheibengedreht. Höhe 7 - 17,9 cm; Mündung 5,9 - 10,5 cm.

VI. Scharf doppelkonische Töpfe (Abb. 70.71):

Höhe 11,3 - 22,7 cm; Mündung 5,3 - 15,8 cm. — *Typ 15:* Töpfe mit geradwandigem Oberteil (3 Expl.: Abb. 70,1 - 3), zwei scheibengedreht, einer handgeformt. — *Typ 16:* Kleinere Töpfe mit leicht abgesetztem Rand und Boden (2 Expl.: Abb. 70,4.5), scheibengedreht. — *Typ 17:* Breitere Töpfe, einer mit Kammwellenrillen (2 Expl.: Abb. 70,6.7), scheibengedreht. — *Typ 18:* Hohe Töpfe (2 Expl.: Abb. 70,8.9), handgeformt, mit heller Engobe.

VII. Diese Gruppe umfaßt drei singuläre Formen: *1.* Becher, handgeformt mit Linienzier (Abb. 72,1). Höhe 13,5 cm. — *2.* Fußbecher, scheibengedreht (Abb. 72,2), Höhe 22 cm. — *3.* Flasche mit Wellenlinien, handgeformt (Abb. 72,3), Höhe 20 cm.

Die Keramik der anderen Vachš-Nekropolen stimmt mit der vorstehend dargestellten von Tigrovaja Balka überein. Das gleiche gilt für diejenige von Makonimor im Kyzylsu-Tal, wenngleich diese letztere einige Besonderheiten gegenüber dem im Vachš-Tal anzutreffenden Bestand aufweist. Diese Besonderheiten beziehen sich nicht auf die Drehscheibenware, sondern ausschließlich auf Typen der handgeformten Ware. So haben die (mit Brandspuren versehenen) Kochtöpfe im Gegensatz zu denen des Vachš-Tales in Makonimor in der Regel einen Flachboden. Auch ein dort üblicher Steilwandbecher-Typ hat im Vachš-Tal keine Gegenstücke. Außerdem ist in Makonimor der Reichtum an Gefäßen in den Gräbern größer als in den Vachš-Gräbern (2 - 8, meist 4 - 5 in den Einzelbestattungen, 2 - 14, meist 8 - 9 in den Doppelbestattungen).

Der keramische Formenkreis der Vachš-Kultur ist sowohl bei den jungbronzezeitlichen Bauerngruppen Mittelasiens als auch in den angrenzenden Steppengebieten vertreten. Einige Gefäßformen, z. B. Schüsseln und Schalen, waren im ganzen Raum in Gebrauch (Askarov 1977, Abb. 32; Sarianidi 1976, Abb. 23; Amiet 1977, Abb. 2; Francfort/Pottier, 1978, Taf. 4.5; Francfort 1979, Abb. 8;V. Masson 1956a, Abb. 5.8.26.3 31.33.36.42; ders. 1956b, Taf. 38.39; ders. 1959, Taf. 7 - 9; ders. 1966b, Abb. 40; Masimov 1970, Abb. 17; ders. 1976, Abb. 8; ders. 1977, Abb. 2; ders. 1979, Abb. 5.6; Schmidt 1933, Taf. 115; Stacul 1969, Abb. 8.12; ders. 1976, Abb. 8; Antonini/Stacul 1972,20, Abb. 4 u. a.). Die nächsten Vergleichsstücke liegen aus Alt-Baktrien vor. Dabei kehren alle keramischen Typen der Vachš-Kultur (mit Ausnahme der rundbodigen Kochtöpfe) bei den Ackerbaugruppen Nordafghanistans wieder. Die in den Vachš-Gräberfeldern prozentual überwiegenden handgefertigten Gefäßen ahmen in Form und Größe auf der Töpferscheibe hergestellte Gefäße nach. Auch der für die Vachš-Kultur einmalige Fußbecher besitzt Entsprechendes in Nordafghanistan (Sarianidi 1974, Abb. 9, S. 62; ders. 1976, Abb. 19.24.31.33.34. 42.45.47.50; ders. 1977, Abb. 25.31; Kruglikova/Sarianidi 1971, Abb. 4b; Francfort/Pottier 1978, Taf. 6.7; Francfort 1979, Abb. 2,7). Im Formenbestand Süd-Baktriens gibt es ebenfalls Gefäße, die einzelnen keramischen Formen der Vachš-Kultur als Vorbilder gedient haben dürften. Die Vachš-Keramik besitzt außerdem viele Gegenstücke in den südtadžikischen Gräberfeldern im Biškent-Tal (vor allem aus den Katakombengräbern von Rannij Tulchar).

Die Verzierung der Vachš-Keramik umfaßt Zickzack- oder Wellenlinien, wie sie ähnlich in der Namazga VI-Stufe der Bauernkulturen vorkommen (V. Masson 1956b, Taf. 38.39; ders. 1959, Taf. 6; Askarov 1977,86; Abdullaev 1977a,36; Sarianidi 1977,26; Francfort/Pottier 1978, Taf. 2.6). Hingegen kehren die konzentrisch aufgelegten, teilweise gekerbten Wülste auf einigen Kochtöpfen der Vachš-Kultur auf der Keramik der bronzezeitlichen Steppenkulturen vergleichbar wieder (Krivcova-Grakova 1947,133; Černikov 1960,74; Stokolos 1972,92; Itina 1977,140 ff. u. a.).

Bronzegegenstände sind in den Gräbern der Vachš-Gruppe nicht sehr reichlich zum Vorschein gekommen (insgesamt 14 Exemplare, davon 9 in Tigrovaja Balka, je 2 Exemplare in Džarkul' und Makonimor):

Einschneidige „Rasiermesser" mit Griffdorn und breiter Klinge, nur einmal einigermaßen komplett erhalten, in zwei weiteren Stücken nur die abgebrochenen Griffpartien (Abb. 73,5.8.9).

Doppelschneidige Messer mit Griffdorn (Abb. 73,4).

Dolche bzw. doppelschneidige Messer mit Griffdorn liegen in drei Exemplaren vor (Tigrovaja Balka K. 10 und 88 sowie Džarkul' K. 3: Abb. 73,2.3). Länge 8 – 20,7 cm. Bei dem Exemplar Abb. 73,2 fällt auf, daß außer den beiden Längsschneiden der Klinge auch die Querseite schneidenartig geschärft ist.

Griffzungendolch mit gelapptem Griffzungenrand, glockenförmiger Heftpartie und drei Nieten (Abb. 73,1) von Tigrovaja Balka K. 7.

Spiegel ohne Griff liegen in zwei Exemplaren aus den Kurganen 3 und 21 von Tigrovaja Balka vor (Abb. 73,10.11). Durchmesser 8,7 bzw. 9,7 cm; Dicke 0,2 – 0,3 cm.

Spiegel mit Seitengriff, in einheitlicher Form gegossen, aus Tigrovaja K. 10 und Ojkul' K. 42 (Abb. 73,12). Länge 12,5 bzw. 15,8 cm.

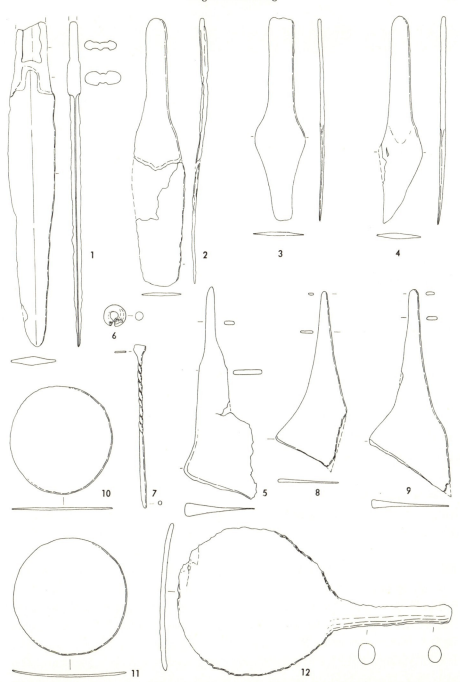

Abb. 73. Bronzefunde aus Gräbern der Vachš-Kultur: 1(Kurgan 7).2.4(Kurgan 8).5(Kurgan 43). 9.10(Kurgan 3).11(Kurgan 21).12(Kurgan 10) Tigrovaja-Schlucht; 3.8 Džarkul'; 6.7 Makonimor.

Nadel mit teilweise tordiertem Schaft und plattgehämmertem Kopf von Makonimor K. 33 (Abb. 73,7). Länge 13,8 cm.

Bronzering, offen, mit dünnem Goldblech überzogen; die Fuge verläuft an der Innenseite; von Makonimor K. 31 (Abb. 73,6).

Die Bronzeformen der Vachš-Gräber bringen dieselbe Regionalgruppierung und -verbreitung zum Ausdruck wie die Keramik. Ähnliche bzw. entsprechende Messer, Dolche, Spiegel, Anhänger und Nadeln sind aus der Biškent-Gruppe (Mandel'štam 1968), dem übrigen Mittelasien (Askarov 1976; 1977; Kuz'mina 1966; Litvinskij 1978) und Afghanistan (Sarianidi 1965, 1976; 1977; Amiet 1977; Casal 1961) und z. T. darüber hinaus bekannt.

Steingegenstände sind in einiger Anzahl vertreten:

Pfeilspitzen aus Feuerstein aus drei Gräbern von Tigrovaja Balka K. 16 (5 Expl.), 37 (2 Expl.), 121 (1 Expl.) (Abb. 74,4 - 7.9 - 12;75) und aus einem Grab in Makonimor. Alle Stücke sind sorgfältig doppelseitig retuschiert und mit einem Stiel versehen. Diejenigen von Tigrovaja Balka haben leicht gewölbte Seiten, die von Makonimor sind demgegenüber geradseitig-dreieckig. Hellbrauner oder hellgrauer Feuerstein und Chalzedon. Länge 3,4 - 4,4 cm.

Keulenknäufe aus hellbrauner Marmorbrekzie bzw. grauer Konglobrekzie, poliert (Abb. 76) aus Tigrovaja Balka K. 93 und 94.

Perle aus weißem Geröll (Abb. 74,8), aus dem Frauengrab 17 von Tigrovaja Balka (neben der Stirn liegend). Zwei weitere Steinperlen aus den Kurganen 69 und 111; die eine zeigt außen eine grüne Färbung, vielleicht Kupferoxydanstrich.

Reibsteine aus Geröll (L. 17 bzw. 18,9 cm) stammen aus Tigrovaja Balka K. 94 und 113.

Vergleichbare Steingeräte sind aus den umliegenden Gebieten bekannt, so vor allem flächenretuschierte Pfeilspitzen (vgl. z. B. Schmidt 1933, Taf. 153; Smirnov 1957, Abb. 3; Sal'nikov 1957, Abb. 7; 1967, Abb. 20; V. Masson 1959, Taf. 13; Litvinskij u. a. 1962, 281 f.; Guljamov u. a. 1966, Taf. 17; Mandel'štam 1968, Taf. 9; Askarov 1973, Taf. 28; 1977, Taf. 19; Sarianidi 1974, Abb. 11; 1976, Abb. 25.49; 1977, Abb. 52; 1981, Abb. 12; Gening 1975,95; 1977,55; 1981, Abb. 12; Gorbunov 1976, Abb. 8; Francfort/Pottier 1978, Abb. 17; Masimov 1979, Abb. 11) und polierte Keulenknäufe (Krupnov 1951, 44 ff.; 1957, Abb. 19; Munčaev 1961, Abb. 12; Ismailov 1978, Taf. 25; Kozenkova 1967, Abb. 26; Ghirshman 1939, Taf. 23;95;85; Arne 1945, Abb. 572; Herzfeld 1941, Taf. 26; Makkey 1951,97; Chlopin 1975,114; Ganjalin 1956b, Abb. 3; Masimov 1979, Abb. 12; V. Masson 1959,101; Spriševskij 1958, Abb. 5; 1974, Abb. 16.18; Zadneprovskij 1962, Abb. 14, Taf. 30; Maksimova 1959, Abb. 11; Gening 1975,95; Smirnov 1957, Abb. 3; Popova 1955, Taf. 8).

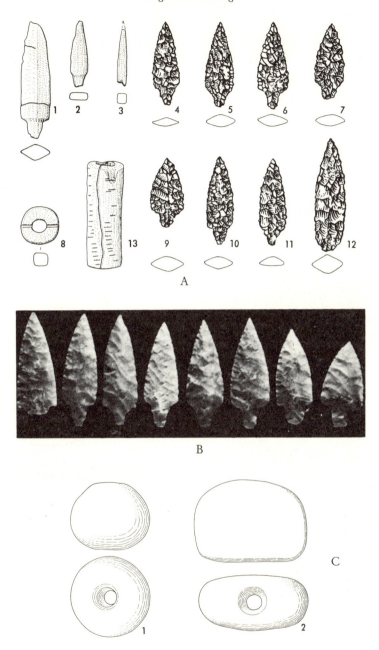

Abb. 74. Tigrovaja-Schlucht. A. Fundgegenstände aus Bein (1–3) und Stein (4–12). 1.2.4.11 Kurgan 37; 3 Kurgan 26; 5–7.9.10 Kurgan 16; 8 Kurgan 17; 12 Kurgan 121. — B Steinpfeilspitzen aus Gräbern der Vachs-Kultur. — C Steinkeulenköpfe aus Gräbern der Vachš-Kultur.

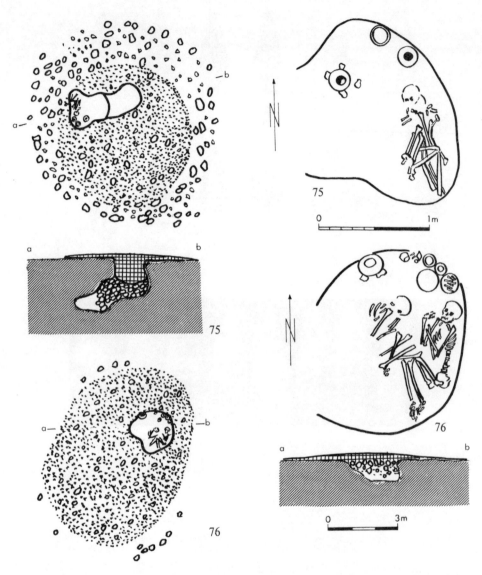

Abb. 75.76 Kurgane der Vachš-Kultur mit Paarbestattungen von Ojkul'; 75 Kurgan 6; 76 Kurgan 41.

Knochengegenstände umfassen Spitzen und Röhrchen:

Pfeilspitzen, aus Knochenplatten geschnitzt, in der Form denen aus Feuerstein ähnlich, liegen vor von Tigrovaja Balka K. 37 (Abb. 74,2), Džarkul' K. 3, Makonimor K. 24, Länge 4 - 4,5 cm.

Speerspitzen aus Tigrovaja Balka K. 37 (Abb. 74,1) und Džarkul' K. 3, Länge 7,8 – 8 cm.

Pfriem mit einem Loch am abgebrochenen Ende aus Tigrovaja Balka K. 26 (Abb. 74,3), Länge 5 cm.

Röhrchen aus Tigrovaja Balka K. 76 (Abb. 74,13) mit Querkerben. Vergleichbare Röhrchen gibt es in anderen mittelasiatischen Bronzezeitkomplexen (V. Masson 1959, Taf. 5; Sarianidi 1976, Abb. 26,6;50,21; Zadneprovskij 1962,35, Taf. 23,14;24,13. 14.23). B. A. Litvinskij (1978,25f.) hielt sie für Messer- oder Ahlengriffe oder für Nadelbüchsen. Jedoch könnte hier auch daran erinnert werden, daß nach Herodot (IV,2) die Skythen Stuten mit Hilfe von Knochenröhrchen molken (zu ethnographischen Analogien s. Galkin 1975,186 ff.). Unser Knochenröhrchen könnte sehr wohl beim Melken von Schafen oder Ziegen benutzt worden sein.

Schaufelartige polierte Knochengeräte unbekannter Zweckbestimmung lagen in Tigrovaja Balka K. B I und 8 sowie in Džarkul' K. 64 (Länge 12 – 14 cm).

Meistens lagen die Beigaben in der Grabkammer zu Häupten des Beigesetzten. Eine bestimmte Regel ist bei den Kochtöpfen zu beobachten: Sie standen gewöhnlich am Eingang der Kammer. Wenn mehrere Beigefäße erscheinen, so stand ein verrußter Topf stets dem Eingang am nächsten. Manchmal besaß er einen deutlichen Abstand von den übrigen Gefäßen. Die Pfeilspitzen (aus Feuerstein und Knochen) lagen in den Kammern stets mit der Spitze zum Eingang. Der Bronzedolch in Grab 7 von Tigrovaja Balka war zu Häupten des Beigesetzten mit der Spitze zur Kammerwand plaziert und z. T. mit dem Bruchstück eines verbrannten Gefäßes bedeckt. Ein Keulenknauf lag in einem Fall am linken Ellbogen des Beigesetzten, im anderen zwischen den Händen.

Ein spezielles Verhältnis zwischen dem Beigabeninventar und einzelnen Ausprägungen der Grabform ist nicht erkennbar.

Die Frauengräber wurden hauptsächlich mit Keramik ausgestattet, nur einmal (Tigrovaja Balka K. 21 vom Typ V) dazu mit einem Bronzespiegel. Aus Frauengräbern stammen weiterhin einer der Keulenknäufe, der Knochenpfriem und das Knochenröhrchen.

Aus Männergräbern liegen sieben Bronzegegenstände, Stein- und Knochen-Pfeilspitzen sowie ein Keulenknauf vor. Ein Messer und ein Spiegel aus Bronze begleiteten die Bestattung in Kurgan 10 von Tigrovaja Balka (Grab vom Typ V), deren Geschlecht nicht mehr feststellbar war. Die einzelnen Gefäßtypen erscheinen gleicherweise in Männer- wie in Frauengräbern. Auch die Anzahl der Beigefäße zeigt dieselben Schwankungen. Dasselbe gilt für beigabenlose Männer- und Frauenbestattungen.

Chronologie

Aus den Grabfunden des unteren Vachš-Tales sind keine sicheren Anhalte für eine chronologische Untergliederung zu gewinnen, sodaß wir diese Gruppe als Einheit zu werten haben. Die durch diese Nekropolen verkörperte Zeitstufe läßt sich mit derjenigen der Biškent-Gruppe (Mandel'štam 1968) parallelisieren, wobei allerdings die erstere offenbar nur einem Abschnitt, nämlich dem letzten Abschnitt der durch das vollständig untersuchte Gräberfeld von Tulchar bezeichneten Zeitspanne entspricht. Dieses wichtigste Gräberfeld der Biškent-Gruppe kann seinerseits mit der jüngeren Stufe der süduzbekischen Sapalli-Kultur (sog. Molali-Stufe) synchronisiert werden (Askarov 1977; Sarianidi 1976; 1977; 1981), für die allgemein ein jungbronzezeitlicher Ansatz (letztes Viertel des 2. Jahrtausends v. Chr.) in Betracht gezogen wird. Diese Parallelisierung stützt sich hauptsächlich auf die bronzenen Dolche bzw. Messer, Spiegel, Nadeln mit flachem Kopf und Anhänger. Mitunter lassen sich die betreffenden Bronzeformen auf den nordafghanischen oder süduzbekischen Fundplätzen chronologisch näher bestimmen: So ist ein mit der Vachš-Gruppe vergleichbarer Spiegel mit Seitengriff von Dašly 3 in einen Spätabschnitt datiert: Ende des 2. Jahrtausends (Sarianidi 1976,55), während ein entsprechendes Exemplar in Grab 82 von Sapalli-Tepe von A. A. Askarov (1977, Abb. 5) in die dortige zweite Baustufe gesetzt wird, die er mit dem 17. - 16. Jh. v. Chr. in Verbindung bringt. Die Bronzen lassen eine typologische Verknüpfung auch mit anderen mittelasiatischen Fundgruppen, solchen aus Iran, dem Kaukasusgebiet und der eurasischen Steppenzone zu (Kuz'mina 1966,37 ff.; Litvinskij u. a. 1962; Tichonov 1960,73 ff.; Deshayes 1960; Guljamov u. a. 1966), ohne daß daraus allerdings ein präziser chronologischer Ansatz abgeleitet werden könnte. Typologisch nahestehende Messer und Spiegel (der Typ mit Seitengriff sogar in einer Gußform: Zadneprovskij 1962, Taf. 20,4.5; Kuz'mina 1968, Taf. 12,4.5.8) erscheinen sogar noch in Siedlungen der Čust-Kultur, die in die Spätbronzezeit (10. - 8. Jh. v. Chr.) gesetzt wird (Zadneprovskij 1978,30 ff.). Auch Sialk B wird von R. Ghirshman (1939,95) ins 10. Jahrhundert datiert; Churvin von L. Vanden-Berghe (1964,45) ins 11. - 10. Jahrhundert, Marlik von E. O. Negahban (1964,37 f.) ebenfalls in diese Zeit. Bei Tepe Hissar III schwankt der in der Forschung vertretene Ansatz zwischen der ersten Hälfte des 2. Jahrtausends (Schmidt 1933,472 f.; Gordon 1951,60; Askarov 1977,101) und dem 12. - 11. Jahrhundert (Ghirshman 1939,95; Chlopin 1976,153). Der Bronzedolch Abb. 73,1 gehört in eine weite vorderasiatische Typenfamilie, die allgemein der zweiten Hälfte des 2. Jahrtausends angehört (Pogrebova 1977,34 ff.; Krupnov 1951,68; 1952,68; 1957,86; Maxwell-Hyslop/Hodges 1964,52; Dyson 1965,40 f.), bzw. näherhin dem 12. Jh. v. Chr. Genaue Entsprechungen sind indes m. E. nicht bekannt. Bronzespiegel mit Seitengriff, die allgemein während der zweiten Hälfte des 2. Jahrtausends geläufig waren (Kuz'mina 1966,68; Schmidt 1937, Taf. 59; Ghirshman 1939; Negahban 1964, Fig. 126; Vanden-Berghe 1964,45; Smirnov 1964,153) sind außer den Vachštal-Exemplaren (Abb. 73,10 – 12) in Tadžikistan noch von Gissar bekannt, wo auch Keramik der Molali-Stufe der Sapalli-Kultur zum Vorschein gekommen ist.

Einige Keramiktypen (scheibengedrehter Flaschentyp 4, Topf aus K. 59, Steilwandbecher, Schalen, Schüsseln) sind kennzeichnend für die Molali-Stufe der Sapalli-Kultur (Askarov 1977; Molali V,3,3a; Francfort/Pottier 1978; Francfort 1979; V. Masson 1956b; Masimov 1976; 1977; Sarianidi 1976, 1977), während in der Namazga V-Stufe und den älteren Abschnitten von Namazga VI Prototypen auftreten (Masimov 1976; M. Masson 1951; V. Masson 1981; Askarov 1977; Sapalli IV; Džarkutan IV; Sarianidi 1977).

Für die Molali-Stufe der Sapalli-Kultur schlug A. A. Askarov anfänglich die Zeitspanne 1350 – 1000 v. Chr. vor (Askarov 1977,115). Im Zuge weiterer Untersuchungen wurde diese Stufe in zwei Abschnitte untergliedert: die Kuzali-Stufe (etwa zweite Hälfte des 14. und 13. oder 13. – 12. Jh. v. Chr.) und die (eigentliche) Molali-Stufe (12. Jh. bis Anfang des 10. oder 11. – 10. Jh. v. Chr.) (Abdullaev 1979,43; 1980,16 f.). Die Zuordnung der scheibengedrehten Gefäße von Tulchar zu einer dieser Stufen erscheint schwierig, da die betreffenden Typen offenbar in beiden Stufen vorkommen (Abdullaev 1979, Abb. 2,6,9,3,1.3.10 – 12). Das Auftreten von weißer Engobe (Mandel'štam 1968,67), die für Kuzali-Gefäße kennzeichnend ist (Abdullaev 1980,8) reicht als synchronistisches Indiz schwerlich aus, weil der tadžikischen Keramik typischer Molali-Art (Tandyrjul, Nurek) rote Engobe, die kennzeichnend für die Keramik der spätesten Phase von Džarkutan ist (Abdullaev 1980,9.16), so gut wie überhaupt fehlt. Besonders kennzeichnend ist hier gerade eine weiße Engobe. Regionale Unterschiede der molalizeitlichen Keramik Uzbekistans und Tadžikistans sind unverkennbar.

Besonders enge Beziehungen bestehen zwischen einigen Beškent-Keramiktypen und solchen der südtadžikischen Gräbergruppe von Tandyrjul (Vinogradova 1982). Letztere stellt den Formenbestand der Molali-Stufe uzbekischer Ausprägung in Tadžikistan bis jetzt am reinsten dar, auch hinsichtlich des Überwiegens scheibengedrehter gegenüber handgeformter Keramik. Hier erscheint ein Ansatz etwa ins 12. – 11. Jahrhundert v. Chr. gerechtfertigt zu sein. Etwas jünger dürfte die Gräbergruppe von Nurek sein, wo bereits ein handgeformtes Gefäß mit Bemalung von Kučuk-Tepe-Art (Askarov 1982) erscheint (etwa 11. - 10. Jh. v. Chr.). Sowohl die Beškent-Gruppe als auch die Vachš-Gruppe gehen dem Beginn der Fundgruppen wie Kučuk-Tepe, Tillja-Tepe, Čust (Zadneprovski 1978,30 ff.) usw. (etwa Jahrtausendwende) chronologisch voraus.

Hinsichtlich der an Vachštal-Gefäßen unter dem Halsrand erscheinenden aufgesetzten Bänder ist darauf hinzuweisen, daß nach M. A. Itina (1977,144), vom Südaralgebiet ausgehend, Vergleichbares ab dem 13. Jh. v. Chr. zu belegen ist. Bei keramischen Beziehungen zur nordpakistanischen Swat-Kultur (AVA-Mat. 20) ist fraglich, inwieweit sie in synchronistischem Sinn und inwieweit als Ausdruck einer Tradition zu verstehen sind. Die aus Feuerstein gefertigten Pfeilspitzen mit Stiel (Abb. 74.75) sowie die aus weißem oder schwarzem Stein bestehenden polierten Keulenköpfe (Abb. 76) fügen sich gleichfalls in diesen chronologischen Rahmen ein. Beide Gattungen stehen in einer langen typologischen und technologischen Tradition (Pfeilspitzen der Namazga V-Stufe: Sarianidi 1964, Abb. 15.19.21; Skakun 1972; V. Masson 1970, Abb. 14), sind aber in dieser speziellen Ausprägung kennzeichnend für die Namazga VI-Stufe.

Das Gräberfeld Tigrovaja Balka hat mehrere Radiokarbondaten geliefert (Holzkohle von den Feuerstellen an den beiden benachbarten Grabhügeln 7 und 8):

LE - 715	Grabhügel 7	3350 – 60 Jahre	1380(– 60) v. Chr.
LE - 1407	Grabhügel 8	2810 – 40 Jahre	860 v. Chr.
GIN - 2524	Grabhügel 8	3920 – 100 Jahre	18. Jh. v. Chr.
GIN - 2525	Grabhügel 8	4510 – 340 Jahre	3. Jahrtausend v. Chr.
GIN-2526	Grabhügel 8	4020 – 80 Jahre	Wende des 3. - 2. Jahrtausends v. Chr.

Diese Bestimmungen sind sehr widerspruchsvoll und lassen sich kaum verwenden.

Allgemein erscheint uns eine Zuweisung der Vachš-Gruppe etwa ins 11. - 10. Jahrhundert v. Chr. am wahrscheinlichsten.

Wirtschaftliche Verhältnisse

Die Gräberfelder der Vachš-Kultur liegen an den Nebenflüssen des Pjandž-Amudar'ja, auf kleinen Anhöhen der Lößterrasse, unweit der Überschwemmungszone, wo heute Wüstencharakter herrscht. Zwar gibt es in den Bergen unweit mehrere Quellen; aber das Wasser ist salzig. Allgemein läßt sich sagen, daß die Gegenden der Gräberfelder nicht für den Ackerbau geeignet sind. Pflanzenanbau ohne künstliche Bewässerung ist so gut wie ausgeschlossen. Nur ein Winterwachstum gewisser Grasarten kommt in Betracht (Sidorenko 1961,70; Maksumov 1964,177). Spuren einer alten Irrigation sind nirgends erkennbar. Im Südwesten Tadžikistans setzte sich die Viehzucht (vorwiegend Schafzucht) als Hauptzweig der Wirtschaft durch; die Tiere werden dort während des ganzen Jahres auf der Weide gehalten. Die Winter sind hier relativ warm. Die Seen der alten Flußarme und die Flüsse selbst bieten überall Wasser.

Freilich kann man nur schwer von den heutigen Landschaftsverhältnissen auf die bronzezeitlichen schließen. Es ist anzunehmen, daß der Vachš-Fluß einst einen höheren Wasserstand hatte als heute. Vermutlich war die Feuchtigkeit an den Abhängen auch größer, sodaß ein reicherer Grasbestand vorauszusetzen ist. Die Rolle der Viehzucht, besonders der Schafe/Ziegen wird durch die Befunde in den baktrischen Bronzezeitsiedlungen erhärtet (Askarov 1977,119; Askarov/Al'baum 1979,82 f.; Sarianidi 1977,130). In den Gräbern der Vachš- und Beškent-Kultur treten Schafknochen als Beigaben hervor (s.S. 26) (Sarianidi 1957,51,55; Askarov 1977,119). Eine besondere Ausprägung fand dieser Wirtschaftszweig wohl in der Jungbronzezeit, als sich im südlichen Tadžikistan ein Einfluß aus den nördlichen Steppengebieten, wo die extensive Viehzucht hochentwickelt war, bemerkbar machte. Angesichts der im Verbreitungsgebiet der Vachš-Gruppe herrschenden sommerlichen Hitze und Trockenheit ist denkbar, daß die Herden während dieser Jahreszeit in höhergelegene Gebirgsgegenden weiter nördlich, östlich oder südlich getrieben wurden. Einige Fundbelege im Grenzbereich der Flüsse Kyzylsu-Tairsu und Jachsu könnten die Wege aus dem Winterweidegebiet der Vachš-Gräberfelder in die Sommerweidegebiete markieren. Mit einer beweglichen Lebensweise als Kleintierhirten könnte der Umstand zusammenhängen, daß es bis jetzt trotz intensiven Suchens nicht gelungen ist, feste Siedlungen der Vachš-Gruppe zu finden. Allerdings kann ein beschränkter Getreideanbau in leicht zu bebauenden Lößgebieten der Vorgebirgszone nicht ausgeschlossen werden, wie ein solcher von Nomaden in neuerer Zeit dort ohne Bewässerung betrieben wird. Ob und inwieweit die Jagd eine Rolle spielte, ist unbekannt. Die in einigen Vachš-Gräbern zu beobachtenden kleinen, aus drei Steinen gebildeten Herde mit Kohle dazwischen und einen verrußtem Topf sind offenkundig Nachbildungen wirklicher Herde einfachster Form.

Wenn wir die handgeformte Keramik als Erzeugnisse der einheimischen Viehzüchterbevölkerung ansehen dürfen (mit 70 % der Tonware vertreten), so ist für die Drehscheibenware eine Herstellung in den gleichzeitigen Ackerbaugebieten der Oasen vorauszusetzen, von wo sie erworben wurden. Das letztere möchten wir auch für die Metallerzeugnisse annehmen. Drei von fünf analysierten Metallgegenständen von der Tigrovaja Balka bestehen aus 'reinem' Kupfer (Arsengehalt 0,25 - 0,45 %). Immerhin ist bemerkenswert, daß Kupfer in Schmelztiegeln von Dašly ebenfalls einen Arsengehalt von 0,3 - 1 % aufweist (Sarianidi 1977,71). Zwei Spiegel von Tigrovaja Balka bestehen aus Zinnbronze (10 % und mehr Zinn); auch dies läßt sich mit entsprechenden Funden der Oasensiedlungsgebiete in Verbindung bringen (Sarianidi 1977,71 f.).

Soziale Verhältnisse

Aufschlüsse sozialkundlicher Art vermitteln vor allem die Gräber, in denen mehr als eine Bestattung angetroffen wurde, in Tigrovaja Balka etwa 5 % der Gräber, in Vachš I 20 %, in Ojkul' 27 %, in Džarkul' 25 %, in Makonimor 36 %. Dabei läßt sich in den meisten Fällen aus den Lage- und Erhaltungsverhältnissen (auf unterschiedlichem Niveau liegend bzw. das eine Skelett intakt, das andere gestört) ersehen, daß die beiden Beisetzungen nicht zum selben Zeitpunkt erfolgt sind, sondern in einem mehr oder weniger großen zeitlichen Abstand. Bei den Doppelgräbern, bei denen aufgrund der Lage- und Erhaltungsverhältnisse ein zeitlicher Abstand nicht eindeutig erweislich ist, muß dahingestellt bleiben, inwieweit in diesen Fällen eine tatsächliche Gleichzeitigkeit der Beisetzung anzunehmen ist, und inwieweit ein nur geringer zeitlicher Abstand, der zu keinem merklichen Niederschlag in den archäologischen Befunden geführt hat. Beachtung in sozialkundlicher Hinsicht verdienen auch Kurgane, die dicht nebeneinander zwei Gräber enthalten.

Doppelbestattungen von einem Mann und einer Frau, bei denen eine zeitliche Differenz erkennbar ist, wie sie mehrfach festgestellt wurden, werden in der Forschung einleuchtend als Zeugnis von Ehepaaren interpretiert, bei denen der Witwer bzw. die Witwe in dem dafür bereitgehaltenen Grab des erstverstorbenen Partners neben diesen gelegt wurde, was für die soziale Bedeutung der Kernfamilie spricht (Itina 1961,56.63; 1977,217; Sorokin 1962,120; Mandel'štam 1968,120; Margulan u. a. 1966,286; Müller-Karpe 1983,78 ff.). Bekräftigt wird dies durch die zusätzliche Beisetzung eines Kindes in solchen Paargräbern der Vachš-Gruppe.

Von 11 Paargräbern der Vachš-Gruppe war in 7 Fällen der Mann der Erstbeigesetzte, die Frau die Dazubestattete, in 4 Fällen die Frau die Erstbeigesetze und der Mann der Dazubestattete. In 10 Gräbern lagen die beiden Skelette mit dem Gesicht einander zugewandt, nur Grab 39 von Makonimor bildet eine Ausnahme: Hier lag die erstbeigesetzte Frau auf der rechten Seite mit dem Gesicht zum Eingang, der später beigesetzte Mann ebenfalls auf der rechten Seite mit dem Gesicht zum Eingang. Diese Lage – hier eine Ausnahme – ist in der Bronzezeit für die Andronovo-Kultur des Jenissej-Gebietes typisch (dort liegen beide Bestatteten auf der linken Körperseite; Komarova 1962,65; Maksimenkov 1978,60). Ob jenes Grab von Makonimor kein normales Ehepaar enthielt, ist ungewiß; auffällig ist, daß trotz der sonst gerade für dieses Gräberfeld bemerkenswert reichlichen Grabbeigaben dieses Grab keinerlei Beigaben aufweist (alle anderen Paargräber 6 – 11 Beigefäße).

Zum Typischen gehört, daß bei den Paargräbern der Vachš-Gruppe der Erstbeigesetzte mit dem Gesicht zum Grabeingang gelegt wurde, der Zweitbeigesetzte mit dem Rücken zum Eingang. Von diesen Regelbefunden ausgehend, könnte man auch die Fälle interpretieren, bei denen eine Einzelbestattung abweichend von der Regel mit dem Rücken zum Eingang lag (insgesamt in der Vachš-Gruppe 7 Frauen- und 5 Männergräber; in Tulchar sind es 7 Einzelfrauengräber): Man könnte hier an Witwen oder Witwer denken, die aus irgendwelchen Gründen nicht im Grab des zuvor vestorbenen Ehepartners beigesetzt wurden. Bei diesen mit dem Rücken zum Eingang liegenden Einzelbestattungen gibt es zwischen Männer- und Frauengräbern einen bemerkenswerten Unterschied: Während die ersteren sich durchweg durch Beigaben — teilweise sogar sehr reichhaltige (Makonimor K 26 mit 14 Gefäßen) — auszeichnen, fehlen solche bei den so liegenden Frauen (mit einer Ausnahme: Tigrovaja Balka K 26, wo die Tote zudem nicht wie üblich auf der linken, sondern auf der rechten Seite lag).

Auffallend viele Grabkammern der Vachš-Gruppe sind für eine Einzelbeisetzung (wie eine solche in ihnen angetroffen wurde) groß (in Tigrovaja Balka 25%); eventuell waren diese Grabanlagen für eine Paarbestattung vorgesehen; die an der hinteren Kammerwand liegenden (sowohl männlichen als auch weiblichen) Beisetzungen blieben dann aber allein, möglicherweise weil der hinterbliebene Ehepartner dann eine zweite Ehe einging.

Paarbeisetzungen mit zeitlichem Abstand zwischen den beiden Grablegungen sind in der Jungbronzezeit auch in den agrarischen Oasenkulturen Baktriens nachgewiesen (Askarov 1973,53 ff.; 1977, Taf. 5; Grab 83; Chodžajov 1977,17.19; Sarianidi 1977,51), wobei auch hier sowohl der Mann als auch die Frau die Erstbeigesetzte sein konnte. Für Männer ist rechtsseitige, für Frauen linksseitige Lage kennzeichnend. Bei den Paarbestattungen der Beškent-Gruppe pflegt der Mann stets mit dem Gesicht zum Eingang, die Frau stets mit dem Rücken zum Eingang zu liegen, unabhängig davon, wer von den beiden als erster in der Grabkammer beigesetzt wurde (Mandel'štam 1968, Gräber 20.25.43).

Paargräber, bei denen ein zeitlicher Abstand zwischen der Beisetzung des Mannes und der Frau nicht nachweisbar ist, bei denen dieser Abstand demnach entweder nur geringfügig war, oder bei denen die Beisetzung tatsächlich gleichzeitig erfolgte, sind in den Nekropolen der Vachš-Gruppe selten. Dabei lag der Mann stets mit dem Gesicht zum Eingang, die Frau zweimal mit dem Gesicht dem Mann zugekehrt (d. h. mit dem Rücken zum Eingang) und einmal zu Füßen des Mannes.

Paargräber ohne erkennbaren zeitlichen Beisetzungsabstand sind in der Jungbronzezeit vielerorts bekannt. Hinsichtlich der sozialkundlichen Interpretation dieser Befunde wird vielfach die erstmalig von M. I. Artamonov vertretene Ansicht übernommen, wonach in diesen Gräbern ein Mann mit einer Konkubine oder Sklavin beigesetzt wurde (Artamonov 1934; Kiselev 1951,52; Sal'nikov 1951,142; Itina 1954,63 ff.; 1969,60; 1977,221 ff; Okladnikov 1955,234; Grjaznov 1957,24; Mandel'štam 1968,119). Demgegenüber schlug V. S. Sorokin (1962,119) als Erklärung dieser Befunde vor, daß beim Tod einer der Ehegatten der andere freiwillig in den Tod gehen und mit diesem beigesetzt werden konnte (vgl. Guseva 1977,143 ff.).

Bei den zuletzt genannten Paargräbern der Vachš-Gruppe fällt die starke Krümmung des Frauenskeletts auf, während dasjenige des Mannes vergleichsweise freier lag (Abb. 53;78;83); dies sowie die Lage der Frau in Grab 33 von Ojkul' zu Füßen des Mannes deuten auf eine untergeordnete gesellschaftliche Position hin. Ähnliches wurde in Sapalli-Tepe Grab 17 (Askarov 1973,57.114) beobachtet; hier fand sich ein Ungeborenenskelett im Leib einer zu Füßen eines Mannes liegenden Frau: Offensichtlich war diese bei der Entbindung gestorben.

Spuren einer gewaltsamen Tötung konnten an den Frauenskeletten der Vachš-Gräber niemals festgestellt werden, wie solche etwa bei einer zusammen mit einem Mann beigesetzten Frau im Wolgagebiet zu beobachten war (Kruglov, Podgaeckij 1955,144 f.), sowie in Glazkov Buret III (im Hüftbein der Frau Steinpfeilspitze steckend: Okladnikov 1955,231). Die Lageverhältnisse der Skelette in Grab 32 von Makonimor könnten den Gedanken nahelegen, daß die Frau neben dem Mann lebendig begraben worden war (Kijatkina 1976,27); diese Grabkammer zeichnet sich durch eine besondere Größe aus; die Beigabenausstattung des Mannes spricht für eine gehobene Position. Bei Grab 6 von Tigrovaja Balka (Abb. 83) verdient Beachtung, daß die hier zusammen mit einem Mann beigesetzte Frau bedeutend älter war als dieser.

Sozialkundlich aufschlußreich sind weiterhin die beiden exzeptionellen Grabhügel 7 und 8 von Tigrovaja Balka (Abb. 8): Die Anlagen als Ganzes mit dem Ritual, das daraus zu erschließen ist und sonst in den Nekropolen der Vachš-Gruppe nichts Vergleichbares aufweist, führt zur Annahme, daß hier sozial besonders Hochstehende beigesetzt waren. Kurgan 7 enthielt eine männliche Einzelbeisetzung, mit einem Bronzedolch ausgestattet, Kurgan 8 einen mit einem „Rasiermesser" versehenen Mann und in gesonderten Gräbern zwei Frauenbestattungen (76 und 77) von reifem bzw. hohem Alter, die eine westlich, die andere östlich des Zentralgrabes; beide Frauen liegen auf der linken Körperseite mit dem Gesicht zum Eingang, ebenso wie der Mann in Zentralgrab, mit dem Kopf jeweils im Osten. Über das soziale Verhältnis der beiden Frauen zu dem Mann lassen sich keine begründeten Vermutungen anstellen.

Vereinzelt kamen in den Gräberfeldern der Vachš-Gruppe Doppelgräber mit zwei weiblichen Bestattungen zutage; möglicherweise haben wir es dabei mit Ehe-

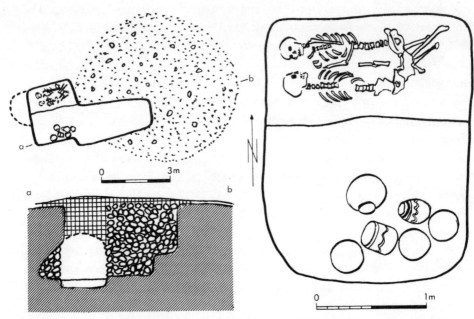

Abb. 77. Kurgan der Vachš-Kultur mit Paarbestattung von Makonimor, Kurgan 32.

frauen desselben Mannes zu tun. In Ojkul' lag unweit des Grabes 39 mit zwei nacheinander beigesetzten Frauen ein reich ausgestattetes Grab mit einem Mann und einer Frau, die anscheinend gleichzeitig beigesetzt waren (Abb. 78). Ebenso fand sich in Ojkul' unweit von Grab 45 mit zwei in beträchtlichem zeitlichem Abstand nacheinander beigesetzten Frauen ein Grab mit einem betagten Mann (Abb. 84): Vielleicht ist dies der Ehemann jener beiden Frauen, die er überlebte; angesichts des großen zeitlichen Abstandes zwischen der Bestattung der beiden Frauen dürfte hier am ehesten an ein Nacheinander des Eheverhältnisses zu denken sein.

In Ojkul' wurde unter einem gemeinsamen Grabhügel neben einer Doppelbestattung von zwei nacheinander beigesetzten Frauen ein männliches Einzelgrab gefunden (Abb. 85); die ovale Form der Hügelaufschüttung spricht dafür, daß hier eine nachträgliche Erweiterung des Hügels, vermutlich bei Anlage des Männergrabes, erfolgt ist.

Mitunter wurden jeweils unter einem Hügel auch ein Grab mit einer Erwachsenenbestattung und ein solches mit einem oder zwei Kindern angetroffen. Demgegenüber ist für die Tulchar-Nekropole der Beškent-Gruppe kennzeichnend, daß Kleinkinder und Jugendliche (10 – 14 Jahre) gesondert von den Erwachsenen beigesetzt wurden. Ein besonderer Kinderfriedhof außerhalb der Siedlung wird auch von A. Askarov (1977,46) für Sapalli-Tepe in Betracht gezogen. Der Umstand, daß in den Gräberfeldern der Vachš-Gruppe Kinderbestattungen vergleichsweise selten fest-

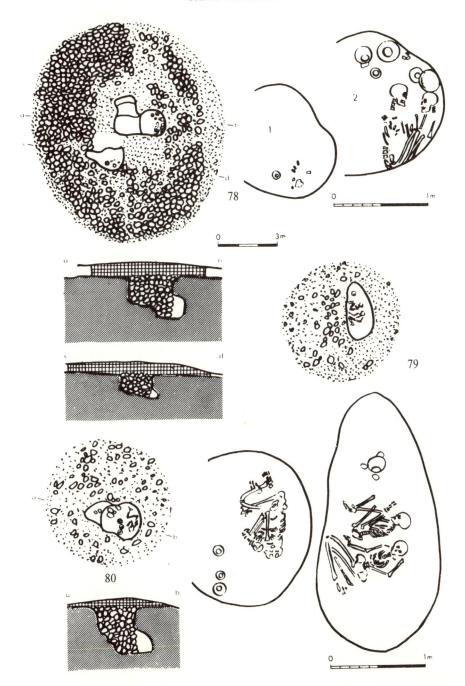

Abb. 78–80. Kurgane der Vachš-Kultur mit Paarbestattungen: 78 Ojkul' Kurgan 1; 79 Ojkul' Kurgan 49; 80 Džarkul' Kurgan 39.

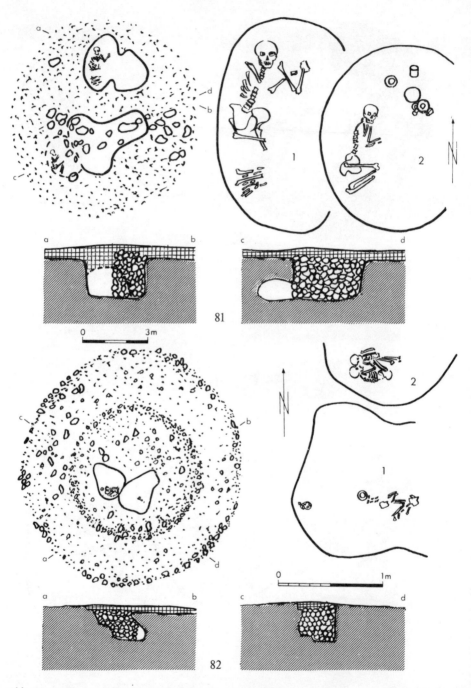

Abb. 81.82. Kurgane der Vachš-Kultur mit paarweisen und „benachbarten" Bestattungen: 81 Makonimor Kurgan 31; 82 Džarkul' Kurgan 36.

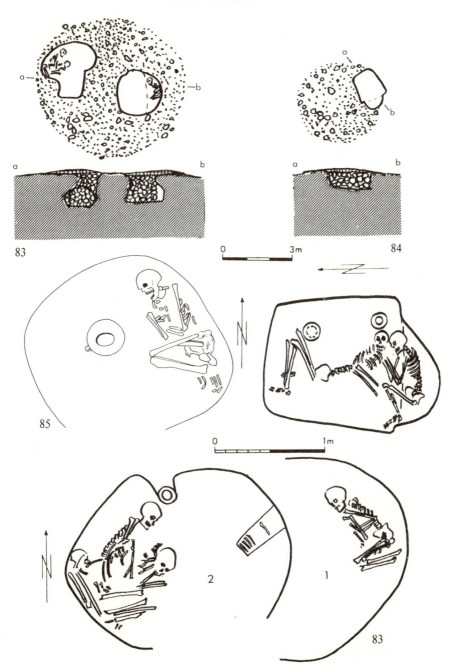

Abb. 83–85. Kurgane der Vachš-Kultur mit paarweisen und „benachbarten" Bestattungen: 83 Ojkul' Kurgan 36; 84 Ojkul' Kurgan 35; 85 Ojkul' Kurgan 30 mit einer Männerbestattung.

gestellt wurden, könnte die Vermutung naheliegen, daß hier ebenfalls gesonderte Kinderfriedhöfe bestanden, die noch nicht gefunden wurden. Die meisten nachgewiesenen Kinderbestattungen begegnen in Erwachsenengräbern. Zwei Einzelkindergräber gibt es in Tigrovaja Balka, eines in Makonimor. Insgesamt sind die Kinderskelette schlecht erhalten, sodaß über die Altersbestimmung nur unvollständige Angaben vorliegen: Tigrovaja Balka K. 14: 14 - 15 Jahre; K. 91: 1 Jahr; Ojkul' K. 28; 7 Jahre; Džarkul' K. 36: 8 - 10 Jahre und 5 - 6 Jahre; K. 39: 4 - 5 Jahre; Makonimor K. 31: 13 - 15 Jahre; K. 38: 7 - 10 Jahre; K. 41: 10 - 12 Jahre. Bei 8 Kinderbeisetzungen konnte die Lage im Grab festgestellt werden: Sechs Einzelbestattungen lagen auf der linken Körperseite; in Džarkul' K. 36 lag das ältere Kind auf der linken Seite mit dem Gesicht zum Eingang, das jüngere auf der rechten Seite mit dem Rücken zum Eingang; in K. 39 lag das Kind auf der rechten Körperseite mit dem Rücken zum Eingang, dahinter eine Frau auf der linken Seite mit dem Gesicht zum Eingang (der gleiche Befund in Kokča K. 3: Itina 1961, Abb. 6,2 und Dašly 3: Sarianidi 1976, Abb. 44,13). Das deutliche Überwiegen von linksseitigen Hockern, also der für Frauen typischen Haltung, dürfte andeuten, daß es sich hier meist um Mädchen handelt, bzw. allgemein auf einen matrilinearen Zug der Gesellschaftsordnung hinweisen. (In Sapalli-Tepe liegen Knaben auf der rechten, Mädchen auf der linken Seite: Askarov 1977,41).

Bei den Kurganen der Vachš-Gruppe, die jeweils ein Erwachsenen- und ein Kindergrab überdeckten, war von zwei bestimmbaren Fällen in einem das Kind neben einer Frau, im anderen neben einem Mann bestattet.

Exzeptionell reich ausgestattete Gräber, die sich vor allem durch reichere Metallwaffen oder -schmuckstücke auszeichnen und dadurch ein Heraushebung der betreffenden Toten andeuten, sind in den Gräberfeldern der Vachš-Gruppe nicht bekannt. Die wenigen Metallgegenstände kamen meist in Männergräbern zutage. Reicher waren die Metallbeigaben in Tulchar (Mandel'štam 1968): Sie erscheinen dort in 10 Männer- und in 6 Frauengräbern, dazu in allen 8 Paargräbern. Nicht die Grabbeigaben, sondern die exzeptionellen Grabanlagen der Kurgane 7 und 8 von Tigrovaja Balka sind als Zeugnisse von sozial Herausragenden zu bewerten.

Ebensowenig können innerhalb der Vachš-Gruppe Gräber, die keine Beigaben ergeben haben, nicht sozial Tieferstehenden zugewiesen werden, zumal nicht auszuschließen ist, daß den betreffenden Toten Gegenstände aus organischem Material mitgegeben worden sind.

Insgesamt spiegeln die Vachš-Gräberfelder offensichtlich eine Gesellschaftsordnung wider, bei der die Kernfamilie mit einer Gleichberechtigung von Mann und Frau die wesentliche Grundeinheit bildete. Darüber hinaus hatten Großfamilien eine Bedeutung.

Religion

Die Grabformen und Bestattungsweisen der Vachš-Gruppe sind offenkundig in wesentlichen Zügen von religiösen Vorstellungen begleitet und geprägt, wenngleich diese letzteren oft nicht eindeutig aus den archäologischen Befunden erschließbar sind.

Die bei vielen Kurganen feststellbaren *Steinringe* haben neben der Funktion, die Hügelanschüttung festzuhalten, wohl auch die symbolische Bedeutung, den Bestattungsplatz von der Umwelt abzusondern. Bei den Kurganen mit einem zweiten äußeren Steinring überwiegen Männerbeisetzungen, wobei mitunter das Nebeneinanderliegen von zwei gleichzeitig Beigesetzten den Gedanken nahelegen könnte, daß hier ein doppelter Schutz benötigt worden sei. Ähnliche Überlegungen könnten bei Kurgan 36 von Tigrovaja Balka eine Rolle gespielt haben, wo ein doppelter Steinring das Grab einer Mutter mit einem Neugeborenen umzog. Ein dritter Ring umzieht die exzeptionellen Kurgane 7 und 8 von Tigrovaja Balka (Abb. 8), und zwar ein Ring aus Feuerstätten.

Wenn diese Grabstättenringe die Lebenden vor den Toten schützen sollten, so könnte dieser Absicht auch eine *Fesselung* der Toten gedient haben (Frazer 1934,63 ff.; Litvinskij 1972,104 f.), wie eine solche bei etlichen Hockern der Vachš-Gruppe denkbar erscheint.

Wie im Rigveda angedeutet, gilt das Grab einerseits als „Haus des Toten in alle Ewigkeit" (RV X,18.12); andererseits wird der Ort, wo die Toten weilen, mit den höchsten Himmeln und der Sonne in Verbindung gebracht (AV III,29.5). Daher mutet es verständlich an, wenn die Gräber symbolische Hinweise auf die *Sonne* oder andere Himmelskörper enthalten. Es besteht Grund zu der Annahme, daß die Kreisgestalt der Kurgane und der sie umziehenden Steinkreise (vgl. Lelekov 1972,179; 1976,8 f.; Sarianidi 1977,34 ff.117 ff.), aber auch die T- und bogenförmige (halbmondförmige) Gestalt des Zugangs zur eingetieften Bestattungskammer einen Bezug zur Form von Himmelskörpern zum Ausdruck bringen. Es verdient Beachtung, daß in Tigrovaja Balka alle Bronzespiegel in Gräbern mit jenen Dromosformen zum Vorschein gekommen sind, indem Spiegel eventuell mit Sonne und Mond in Verbindung gebracht wurden.

Die ⊓-Dromosform einiger Vachš-Gräber (Abb. 16) erinnert an die Portalgestalt auf sogdischen und choresmischen Grabmälern (Gudkova 1964,106, Abb. 25,3;27;

Rapoport 1971,106), mit denen entweder der Eingang des Grabes selbst oder aber symbolisch der Eingang zu einer Jenseitswelt bezeichnet werden soll.

Ausgehend von Befunden in Gräbern der Beškent-Gruppe vermuten B. A. Litvinskij und I. N. Medvedskaja (Litvinskij u. a. 1977,84), daß die Steinfüllung des Eingangsschachtes der Vachš-Gräber über die damalige Oberfläche herausgeragt und ein obeliskenförmiges *Kultmal* gebildet hätte. Litvinskij (1972a,136; 1975,257) hält die obertägig sichtbaren Grabanlagen allgemein für Opferplätze, wo sowohl für den Toten als auch den Göttern geopfert worden sei. Nach den altindischen Ritualtexten wurden nicht nur bei der Beisetzung gespendete Speisen und Getränke als Opfer aufgefaßt, sondern auch der Körper des Verstorbenen hatte diese Bedeutung (RV X, 16,5; AV XVIII, 4,51).

Religionskundlich aufschlußreich sind die in den Gräbern der Vachš-Gruppe häufig in Erscheinung tretenden Zeugnisse eines *Feuerkultes* (in 25 % aller untersuchten Gräber; niemals in Kenotaphen). Am imposantesten sind die Ringe von Feuerplätzen um die Kurgane 7 und 8 von Tigrovaja Balka, die gleichsam eine 'Feuerbarriere' um die Grabstätte bildeten und an eine Verbindung mit brennenden Rädern und damit ein Sonnensymbol (D'jumezil' 1976,74 ff.) denken lassen. Diese Ringe von Feuerplätzen lassen sich vergleichen mit den Befunden in frühsakischen Gräbern des östlichen Aralgebietes (Tolstov u. a. 1963,39.51; Višnevskaja/Itina 1971,198; Rapoport 1971,54). Man denkt hier an den symbolischen Hinweis auf einen eschatologischen Weltbrand und das damit bewirkte Beginnen von Ewigkeit und Unsterblichkeit (Lelekov 1972,128; 1975,7 ff.).

Vermutlich eine bestimmte Bedeutung hatte auch die *Anzahl* der Feuerstellen um die Kurgane 7 und 8 von Tigrovaja Balka: 20 (eventuell 21) und 41 (40 + 1). Die vielfache Symbolbedeutung der Zahl 21 (3 x 7) ist bekannt; aber auch die der Zahl 20 (z. B.: ein Mensch, nach der Zahl von Fingern und Zehen: Frolov 1974, 113.116; Kol'man 1961,63 f.; Kinžalov 1971,131 f.). Wenn bei Kurgan 8 doppelt soviel Feuer entzündet wurden wie bei Kurgan 7, so ist festzustellen, daß dort auch zwei Bestattete lagen. Angemerkt sei, daß bei den Tadžiken die Abschnitte von 20 und 40 (41) Tagen im Kalenderwesen eine Rolle spielen (Andreev 1958,153 ff.); auch bei der Ausbildung von Schamanen haben diese Zeitspannen eine Bedeutung (Murodov 1979,50), aber auch bei den Vorstellungen eines Weges der Seele in den Himmel (Kryvelev 1979,39) und bei dem Totenkult (Material'naja 1973,173). Die Fundbeobachtungen bei den Feuerplatzringen um die beiden Kurgane von Tigrovaja Balka zeigen deutlich, daß diese Feuer jeweils sehr lange brannten, sicher mehrere Tage. In einigen der Feuerplätze um den Kurgan 8 wurden kalzinierte Tierknochen gefunden, offensichtlich Reste von Tieropfern, in denen um Kurgan 7 anscheinend Spuren eines Trankopfers. Dabei hatte das Feuer die Bedeutung eines Mittlers von der irdischen in die himmlische Sphäre. Bezeichnend ist wohl auch, daß die nachträgliche Herrichtung der Feuerstellen um die beiden Kurgane (Hügelanschüttung, Steinkranz) diesen ähnlich sind: Auch die Feuerstellen wurden 'begraben' und von der Umgebung 'abgesondert'.

Weitere Zeugnisse einer Bedeutung des Feuers im Sepulkralkult der Vachš-Gruppe sind Holzkohlenstücke in zahlreichen Gräbern, am häufigsten beim Kopf des Toten oder am Eingang der Grabkammer, offensichtlich waren sie noch glühend, als sie an ihren Fundplatz gelegt wurden. Welche Bedeutung diesem Brauch im einzelnen zukam (Vermittlung von Wärme, Licht, Schutz, Läuterung), läßt sich nicht klären. Niemals konnte in den Gräbern der Vachš-Gruppe nachgewiesen werden, daß Feuer dort unmittelbar brannte, wie dies in den Gräbern der Beškent-Gruppe der Fall ist (Mandel'štam 1968,125), ebenso in Jangi-Kalin (Ganjalin 1956a,377 ff.).

In etlichen Gräbern der Vachš-Gruppe fanden sich Miniaturherde, bestehend aus drei kleinen Steinen mit einem verrußten handgeformten Gefäß darauf, meist am Grabeingang liegend (in Tigrovaja Balka 6 Gräber); einigemal lagen zwischen den Steinen unter dem Gefäß Holzkohlenstücke, sodaß wir es offenkundig mit der Nachbildung von 'Herden' zu tun haben. Da die Steine niemals Brandspuren zeigten, dürfen wir nicht annehmen, daß diese 'Herde' wirklich als solche benutzt wurden, wie dies bei denjenigen der Beškent-Gruppe der Fall ist. Gerade deswegen ist bezeichnend, daß stets drei Steine verwendet wurden, was demnach beabsichtigt und wohl mit einer symbolischen Bedeutung versehen war. In diesem Zusammenhang darf daran erinnert werden, daß in den altindischen Ritualtexten die Zahl drei dem Agni heilig war (RV V,II,1; X,14.16; X,45.1–3; X,88.10; AV XVIII,4.8; Komm. 337): Agni hatte eine dreifache Geburt, er besaß dreierlei Licht und dreierlei Aufenthaltsorte, hatte drei Körper, drei Köpfe und drei Sprachen; beim Opferritual wurden drei Feuer entfacht, bei der Leichenverbrennung wurde Brennholz von drei Seiten angesteckt.

Unter der Hügelanschüttung von Tigrovaja Balka K. 118 wurde ein rechteckiger Herd (0,42 x 1,15 m) angetroffen, der 0,20 m in die alte Oberfläche eingetieft war, unter der Hügelanschüttung von K. 26 eine ebenerdige Feuerstelle, beidemal nahe dem Eingangsschacht ins Grab, auch dies deutlich auf ein Feuerritual in Verbindung mit der Beisetzung hinweisend.

Religionskundlich bemerkenswert sind auch die *Kenotaphe*, die in den Gräberfeldern der Vachš-Gruppe recht zahlreich sind (s.S. 25). Dahinter steht offenbar ein Glauben an die Weiterexistenz der Seele, die eines Grabes mit entsprechendem Ritual bedürfe, selbst wenn der Leichnam dort nicht bestattet liegt (Tejlor 1939,312). Solche Kenotaphe sind auch in den Gräberfeldern der Beškent-Gruppe bekannt: Auffälligerweise fehlen sie jedoch in der zu dieser Gruppe gehörigen, vollständig untersuchten Nekropole Tulchar. Wenngleich die oben angegebene, meist vertretene Interpretation von Kenotaphen in allen den Fällen naheliegen dürfte, in denen die Form und Herrichtung völlig denen richtiger Gräber entsprechen, erscheint in den sogar zahlreicheren Fällen, bei denen die 'Grab'-anlage in verkürzter Form angedeutet ist (nur Schacht, ohne Kammer oder überhaupt ohne Schacht, d. h. nur ein Steinpflaster, über das ein Hügel üblicher Art aufgeschüttet ist) eine abgewandelte Deutung berechtigt: nämlich als Stätten des Totenkultes, wo bestimmter Ahnen im Kult gedacht wurde, um von ihnen Schutz für die Lebenden zu erflehen (Tokarev 1964,166). Hinweise darauf finden sich im Rigveda. Anlagen zum Gedächtnis des Toten sind in vielen verwandten Kulturen bekannt (Litvinskij 1972a,136 f.; Demidov 1962,211 f.).

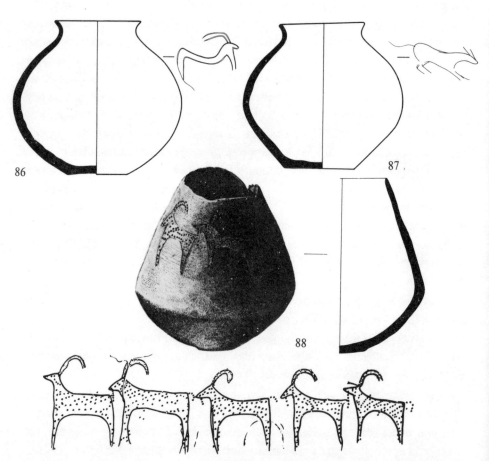

Abb. 86–88. Gefäße mit eingeritzten Tierfiguren. 86.87 aus Kurganen von Nurek; 88 aus Kurgan 45 von Džarkul'.

Die *Grabbeigaben* der Vachš-Gräber enthalten so gut wie keine religionskundlich aufschlußreichen Hinweise. Lediglich bei einem kreisförmigen Motiv auf Keramik, ebenso bei einem Kreuz könnte an symbolische Zeichen mit einer bestimmten Bedeutung gedacht werden (Sarianidi 1977,63 ff.).

In dieser Hinsicht erwähnenswert sind auch geritzte Tierdarstellungen auf Gefäßen von Džarkul' (Abb. 88) und Nurek (Abb. 86.87), z. T. sicher als Capriden (Ziegenbock) bestimmbar. Dieses Tier spielt im Kult und als heiliges Symbol, auch mit dem Mond in Verbindung stehend, in Mittelasien eine beträchtliche Rolle (Masson 1961,392 f.; 1964,361 ff.; Ceren 1976,154). Auch der Fünfzahl, in der die Böcke auf dem Gefäß von Džarkul' erscheinen, könnte eine Bedeutung eigen sein (Levi-Brjul' 1930,142; Frolov 1974,130 ff.). Das eine Tier des Gefäßes von Nurek könnte ein Pferd sein (Abb. 87), das außer seiner praktischen Bedeutung auch eine Rolle im Mythos spielte (Ivanov 1974,92 ff.; Meletinskij 1976,214).

Gesamtcharakter der Vachš-Tal-Gräberfelder

Während in der Jungbronzezeit (Ende des 2. Jt. v. Chr.) in den Oasengebieten des südlichen Mittelasiens die Besiedlung durch eine agrarische Bevölkerung ausgebaut wurde, erfolgte eine Ausweitung der Besiedlung auch auf landwirtschaftlich ungünstige Gebiete, wo eine Kleintierhaltung die wesentliche Wirtschaftsgrundlage bildete und damit verbunden eine mobile Lebensweise geeignet war. Dazu gehören die durch Kurgan-Nekropolen erschlossene südwest-tadžikische Vachš-Gruppe ebenso wie die 15 km davon entfernte, westlich benachbarte Biškent-Gruppe.

Die Gebiete, in denen Gräberfelder der Vachš-Gruppe bekannt sind, eignen sich für Landwirtschaft nicht, bieten jedoch günstige Voraussetzungen für eine nahezu ganzjährige Viehhaltung. Kulturell erweist sich die Vachš-Gruppe als homogen, in wesentlichen Zügen in einer Tradition von der Oasenkultur stehend, aber auch Einflüsse der weiter nördlich verbreiteten Steppenkultur enthaltend.

Die Metallgegenstände scheinen durchweg aus Produktionsstätten der Oasengebiete zu stammen; Anzeichen für eine Herstellung innerhalb der Vachš-Gruppe sind nicht erkennbar. Bei der Keramik ist Entsprechendes für die Drehscheibenware der Fall; die mengenmäßig bei weitem überwiegende handgeformte Ware ist demgegenüber unverkennbar lokaler Herstellung, läßt sich aber (mit Ausnahme der rundbodigen Töpfe) typologisch auf die Drehscheibenkeramik zurückführen, und zwar vor allem diejenige Nord-Afghanistans (Dašly), die demnach als Vorbild anzusehen ist.

Inwieweit damit auch ein Hinweis auf die Herkunft der Bevölkerung der Vachš-Gruppe gewonnen ist (d. h. ob in dieser ein sich zu einem mobilen Hirtentum spezialisierter Bevölkerungsteil nord-afghanischer Oasensiedler zu sehen ist), muß dahingestellt bleiben. Jedenfalls verdient Beachtung, daß die Keramik der Beškent-Gruppe, die trotz einer allgemeinen Verwandtschaft mit derjenigen der Vachš-Gruppe sich merklich von dieser absetzt, offenkundig an die uzbekische Oasenkeramik von Sapalli-Tepe, speziell der Molali-Stufe anzuschließen ist, sodaß eine Ableitung der einen aus der anderen mit guten Gründen vermutet worden ist (Askarov 1973,128 f.; 1977,115).

Diese Beškent- und die Vachš-Gruppe, nur durch die Aktau-Bergkette voneinander getrennt, werden in der Forschung als kulturell zusammengehörig (Kuz'mina 1972a,139; 1972b,119) oder jedenfalls als nahe verwandt (Askarov 1977,115) angesehen (eine gegenteilige Ansicht vertreten Sarianidi 1977,148 und Francfort 1979,202.

Im einzelnen stellt sich das Verhältnis dieser beiden im wesentlichen als gleichzeitig anzusehenden Gruppen folgendermaßen dar: In der Vachš-Gruppe ist die Bestattung als liegender Hocker die allein vorkommende Beisetzungsart; diese herrscht in der Beškent-Gruppe zwar auch vor, jedoch kommt daneben auch die (sekundäre) Anhäufung des Skeletts zu einem Haufen vor sowie Totenverbrennung. Der in der Vachš-Gruppe allein erscheinende Typ der Katakombengrabform ist in der Beškent-Gruppe nur eine unter sechs Grabformen (Mandel'štam 1968,53 ff.), der in Tulchar lediglich 10 % der untersuchten Gräber angehört. Die alle Gräber der Vachš-Gruppe kennzeichnenden Hügelanschüttungen, oft verbunden mit Steinring(en), fehlen in Tulchar völlig (scheinen in der unweit davon gelegenen Nekropole Beškent I allerdings vorzukommen). Der Zugangsschacht zu der Grabkammer ist in der Vachš-Gruppe bis oben mit Steinen gefüllt, in der Beškent-Gruppe jedoch nur in seinen oberen Partien. Der in Tulchar beobachtete Verschluß der Grabkammer durch Steinplatten fehlt in der Vachš-Gruppe. Die Bestattungskammern pflegen in Tigrovaja Balka auf der Nordseite des Schachtes zu liegen, in Tulchar indes auf der Südseite. A. M. Mandel'štam (1968,7.92.94.140) hebt die Katakombengräber von Tulchar von den anderen Gräbern scharf ab, indem er sie nicht nur chronologisch (9. – 8. Jh. v. Chr.; gegenüber den übrigen: 13. – 9. Jh. v. Chr.) absondert, sondern sie sogar mit einer anderen Bevölkerung in Verbindung bringt. Demgegenüber sind doch die verbindenden Gemeinsamkeiten dieser Tulchar-Gräber nicht zu verkennen. Die Keramik der Katakombengräber von Tulchar stimmt mit derjenigen der Vachš-Gruppe völlig überein, beschränkt sich allerdings auf einen Ausschnitt aus dem Gesamtbestand der letzteren (3 von 18 Typen). Man könnte demnach an eine Abwanderung von Bevölkerungsteilen aus der Vachš-Gruppe ins Gebiet der Beškent-Gruppe denken. Ein Vergleich zwischen der Vachš-Keramik und derjenigen der eigentlichen Beškent-Kultur (Gräber von Tulchar außer den Katakombengräbern) ergibt, daß mehr als die Hälfte der Vachš-Keramik eine mehr oder weniger deutliche Verwandtschaft mit der Beškent-Keramik zeigt; etwa ebenso groß ist innerhalb der Beškent-Keramik der Anteil, der eine mehr oder weniger deutliche Verwandtschaft mit der Vachš-Keramik zeigt. Etwa 40 % der Keramik beider Gruppen hat in der jeweils anderen Gruppe indes Vergleichbares. Dabei ist aufschlußreich, daß die Gemeinsamkeiten sich in weit stärkerem Maß auf die handgefertigte Keramik beziehen, während bei der Drehscheibenkeramik die Unterschiedlichkeit beider Gruppen wesentlich deutlicher ins Gewicht fällt.

Zu den kulturellen Eigenheiten der Vachš-Gruppe, die nicht aus den Oasengebieten abzuleiten sind, sondern eine Verwandtschaft mit den mittelasiatisch-kazachischen (und allgemein eurasischen) Steppengebieten darstellen, gehört die Sitte der Hügelaufschüttung. Auch Züge des Feuerkultes im Sepulkralwesen sind dort beheimatet, in der Beškent-Gruppe auch einige Metalltypen (Mandel'štam 1968, Taf. 4,3 - 5) sowie in der Vachš-Gruppe einige keramische Besonderheiten (aufgesetzte Bänder, Kerbmuster). Dies legt die Annahme nahe, daß bei der Entstehung der Vachš-(und der Beškent-)Gruppe (mindestens auch) an Bevölkerungsteile aus der Steppenregion zu denken ist. Speziell bei der Beškent-Gruppe wird dabei an die Andronovo-Kultur gedacht (Mandel'štam 1968,99.137 f; Kuz'mina 1972a,141). Im einzelnen kann da verwiesen werden auf die Brandbestattungssitte, die in den westlichen Verbreitungsgebieten der Andronovo-Kultur (Fedorov-Fazies) geläufig war und mit dieser bis Südkazachstan (Ageeva/Pacevič 1956,50; Maksimova 1962,37 f.), zum Tian-shan (Bernštam 1952,19 ff.) und sogar zum Pamir (Litvinskij u. a. 1962,166 ff.) vorkommt. Darüber hinaus wird die in den Beškent-Gräbern übliche Steinsetzung in Hakenkreuzform mit der entsprechenden Musterung von Andronovo-Keramik in Verbindung gebracht (Mandel'štam 1968,137).

Das so erschließbare Vordringen einer Steppenbevölkerung in die südlicheren Oasen- und überhaupt landwirtschaftlich günstigen Siedlungsgebiete wird in der Forschung oft mit der Ausbreitung der Indoarier in Verbindung gebracht. Diese Problematik kann hier nicht näherhin behandelt werden; hier begnügen wir uns mit der Feststellung, daß viele kulturelle Eigenheiten der Vachš-Gruppe — ebenso wie der Beškent-Gruppe — mit der durch die altindischen Texte bezeugten indoarischen Kultur zu verbinden sind, was fraglos im Sinn einer historischen Verwandtschaft zu interpretieren ist.

Tabelle I: Tigrovaja-Schlucht. Grabanlagen vom Typ I.

Kurgan-Nummer	Kurgan-Typ	Dromos-Ausrichtung	Lage der Katakombe	Geschlecht d. Bestattung	Lage der Bestattung	Lage des Kopfes	Beigaben	Feuerkult
B 1	Ia	W-O	W	?	gestört	?	Gefäßfragment	
7	Ia	N-S	N	m	Gesicht z. Eingang, r. Seite	W	2 Gefäße, Gefäßfrgt., Bronzedolch	Ring aus 20 Feuerstellen rund um die Aufschüttung
9	Ib	W-O	W	?	gestört	?		
11	Ib	NNW-SSO	SSO	?	gestört	?	Gefäßfragment	
18	3	SW-NO	NO	f	Gesicht z. Eingang, l. Seite	S	2 Gefäße, Hammelrippe	kl. Feuerstelle u. Kohle in der Kammer
22	Ib	SSW-NO	N	m	Gesicht z. Eingang, r. Seite	W	Gefäße, Hammelrippe	kl. Feuerstelle in der Kammer
23	Ia	SSW-NNO	NNO	m / m	Beide Gesicht z. Eingang / r. Seite	W	Gefäße, Hammelrippe	
38	Ia	SSW-NNO	NNO	f	Rücken z. Eingang, l. Seite	W		
40	Ia	NW-SO	NW	f	Gesicht z. Eingang, l. Seite	NO	5 Gefäße	
46	Ia	NW-SO	NW	f	Gesicht z. Eingang, l. Seite	NO	Gefäße	
47	2	SW-NO	NO	?	Gesicht z. Eingang, r. Seite	NW	2 Gefäße	
48	2	W-O	W	?	nur Schädelfragmente	?	Gefäß	
50	2	W-O	NO	?	Gesicht z. Eingang, r. Seite	N?	4 Gefäße, Hammelrippe	
58	2	W-O	O	m	Gesicht z. Eingang, r. Seite	N	Gefäß	kl. Feuerstelle in der Kammer

Fortsetzung von Tabelle I

Kurgan-Nummer	Kurgan-Typ	Dromos-Ausrichtung	Lage der Katakomben	Geschlecht d. Bestattung	Lage der Bestattung	Lage des Kopfes	Beigaben	Feuerkult
59	2	SW-NO	NO	m	Gesicht z. Eingang, r. Seite	N	2 Gefäße, Hammelrippe	kl. Feuerstelle u. Kohle in der Kammer
61	3	NW-SO	O	m	Rücken z. Eingang, l. Seite	N	2 Gefäße	
67	2	N-S	N	m	Gesicht z. Eingang, Bauchlage mit Drehung auf r. Seite	W		Kohlestücke in der Dromosfüllung
70	Ia	SW-NO	NO	m	Gesicht z. Eingang, r. Seite	N	Gefäße	Kohlestücke in der Kammer
73	2	SSO-NNW	NNW	?	gestört	?	Gefäße	
85	Ia	SO-NW	SO	f	Gesicht z. Eingang, Rückenlage mit Drehung auf r. Seite	O	Gefäße	
86	3	SO-NW	NW	m	Gesicht z. Eingang, r. Seite	SW	2 Gefäße	Kohlestücke in der Kammer
93	3	SW-NO	NO	f	Gesicht z. Eingang, Bauchlage mit Drehung auf r. Seite	NW	2 Gefäße, Steine, Keulenoberteil, Hammelknochen	
97	3	SO-NW	NW	f	Gesicht z. Eingang, Rückenlage mit Drehung r. Seite	S	Gefäß	
103	3	NNO-SSW	S	m	Gesicht z. Eingang, r. Seite	N	Gefäß, Reibe, Hammelknochen	
113	3	SO-NW	NW	f	Gesicht z. Eingang, r. Seite	S	Hammelknochen	
114	3	W-O	W	f	Gesicht z. Eingang, r. Seite	S		

Fortsetzung von Tabelle I

Kurgan-Nummer	Kurgan-Typ	Dromos-Ausrichtung	Lage der Katakombe	Geschlecht d. Bestattung	Lage der Bestattung	Lage des Kopfes	Beigaben	Feuerkult
115	3	SSO-NNW	NNW	m	Gesicht z. Eingang, Rückenlage mit Drehung r. Seite	W	Hammelknochen	
117	3	SSW-NNO	NNO	m	Gesicht z. Eingang, r. Seite	W		
118	3	W-O	O	?	gestört	?		Feuerstelle unter Aufschüttung
122	2	W-O	NW	f	Gesicht z. Eingang, r. Seite	SW	2 Gefäße, Hammelknochen	
129	3	SSW-NNO	N	m	Gesicht z. Eingang, r. Seite	NO		
130	3	N-S	N	f	Gesicht z. Eingang, l. Seite	O	Gefäß	kl. Feuerstelle in der Kammer

Tabelle II: Tigrovaja-Schlucht. Grabanlagen vom Typ II

Kurgan-Nummer	Kurgan-Typ	Dromos-Ausrichtung	Lage des Einbruchs	Geschlecht d. Bestattung	Lage der Bestattung	Lage des Kopfes	Beigaben	Feuerkult
A-1	3	NO-SW	SO	?	Gesicht z. Eingang, r. Seite	N	2 Gefäße, Hammelknochen (Rippen)	
B-2	Ia	N-S	W	f	Gesicht z. Eingang, l. Seite	N	Gefäß, Hammelknochen (Rippen)	
5	3	NNO-SSW	WNW	?	Gesicht z. Eingang, l. Seite	N	2 Gefäße	
6	Ia	NW-SO	NO	m	Gesicht z. Eingang, r. Seite	W	Hammelrippen	
8	2	NO-SW	SO	m	Gesicht z. Eingang, l. Seite Rücken z. Eingang, r. Seite	O	4 Gefäße, Bronzerasiermesser, kl. Knochenschaufel, Hammelrippe	der Ring aus 4I Lagerfeuer rund um Aufschüttung
13	Ia	N-S	O	m	Gesicht z. Eingang, auf Rücken, Drehung auf r. Seite	NW	Gefäßfragmente	
15	Ia	W-O	N	?	Gesicht z. Eingang, r. Seite	W	Gefäßfragmente	
16	Ib	N-S	SO	?	Gesicht z. Eingang, r. Seite gestört	N?	5 Kieselsteinpfeilspitzen	
25	3	W-O	S	m	Gesicht z. Eingang, r. Seite	O	Gefäß, Hammelrippen	Kohlestükke in der Kammer
27	Ia	NO-SW	NW	m	Gesicht z. Eingang, l. Seite	NO		
30	Ia	W-O	N	f	Gesicht z. Eingang, l. Seite	O	Hammelknochen	Kohlestükke in der Kammer
36	2	N-S	W	f	Rücken z. Eingang, l. Seite Kind am Brustkorb d. Frau	N	Hammelrippen	
37	Ia	NO-SW	SO	M	Gesicht z. Eingang, r. Seite	O	4 Gefäße, 2 Kieselsteinpfeilspitzen Knochenspitze, Knochenspitze für Wurfspiess	Kohlestükke in der Kammer

Fortsetzung von Tabelle II

Kurgan-Nummer	Kurgan-Typ	Dromos-Ausrichtung	Lage des Einbruchs	Geschlecht d. Bestattung	Lage der Bestattung	Lage des Kopfes	Beigaben	Feuerkult
43	Ia	NNO-SSW	S	m	Gesicht z. Eingang, Rückenlage mit Drehung auf r. Seite	O	Bronzerasiermesser, Hammelrippen	
69	3	NO-SW	SO	f	Rücken z. Eingang, l. Seite	N	Halskettenperle, Hammelknochen (Rippen)	
78	3	NO-SW	SO	f	Gesicht z. Eingang, r. Seite	N	Hammelrippen	Kohlestücke in der Kammer
80	3	W-O	S	f	Gesicht z. Eingang, l. Seite	W	Hammelrippen	
82	3	NW-SO	SSW	f	Gesicht z. Eingang, l. Seite	N	Gefäß	
83	3	W-O	S	f	Rücken z. Eingang, l. Seite	O		
88	3	W-O	N	m	Gesicht z. Eingang, Rückenlage, Drehung auf r. Seite	W	Bronzemesser	
94	3	NO-SW	SO	m	Gesicht z. Eingang, r. Seite	NO	Gefäß, Keulenoberteil aus Stein, Steinreibe	
96	4	NNO-SSW	SSO	m	Gesicht z. Eingang, Rückenlage, Drehung auf r. Seite	N	Hammelrippen	
99	3	N-S	W	f	Gesicht z. Eingang, l. Seite	N	3 Gefäße	
105	3	NW-SO	SW	m	Gesicht z. Eingang, l. Seite	W	Gefäß	
110	3	N-S	O	m	Gesicht z. Eingang, Rückenlage, Drehung auf r. Seite	N	Hammelrippen	
121	3	N-S	O	m	Rücken z. Eingang, l. Seite	N	Gefäß, Kieselsteinpfeilspitze, Hammelrippen	

Tabelle III: Tigrovaja-Schlucht. Grabanlagen vom Typ III

Kurgan-Nummer	Kurgan-Typ	Dromos-Ausrichtung	Lage der Kammer	Geschlecht d. Bestattung	Lage der Bestattung	Lage des Kopfes	Beigaben	Feuerkult
B-1	Ia	SW-NO	SW	m	Gesicht z. Eingang, l. Seite	N	kl. Knochenschaufel	
3	Ia	S-N	S	m	Gesicht z. Eingang, l. Seite	W	Gefäß, Gefäßfragment, Bronzespiegel	
17	Ib	NW-SO	NW	m	Gesicht z. Eingang, l. Seite	N	Gefäß, Halskettenperle, Hammelrippen	
26	Ia	NO-SW	NO	f	Rücken z. Eingang, r. Seite	O	2 Gefäße, Knochennadel	Feuerstelle unter Aufschüttung
28	Ia	NO-SW	NO	f	Rücken z. Eingang, l. Seite	N	Hammelrippen	Kohlestükke in der Kammer
31	Ia	SW-NW	SO	f	Gesicht z. Eingang, r. Seite	O	Gefäß	
41	Ia	NO-NW	NO	?	gestört	?	Gefäß	
42	Ia	O-W	O	m	Gesicht z. Eingang, r. Seite		Gefäß	

Tabelle IV: Tigrovaja-Schlucht. Grabanlagen vom Typ IV

Kurgan-Nummer	Kurgan-Typ	Dromos-Ausrichtung	Lage der Katakombe	Geschlecht d. Bestattung	Lage der Bestattung	Lage des Kopfes	Beigaben	Feuerkult
72	3	NW-SO	SO	m	Gesicht z. Eingang, r. Seite	NO		
76	3	NW-SO	NW	m	Gesicht z. Eingang, l. Seite	NO	hohles kl. Rohr aus Knochen, Hammelrippen	
81	3	NO-SW	SW	m	Gesicht z. Eingang, r. Seite	O	Gefäß, Hammelrippen	
120	Ib	NO-SW	NO	m	Bauchlage mit Drehung auf r. Seite	N	Hammelrippen	Kohlestükke in der Kammer
123	3	NNW-SSO	NNW	m	Gesicht z. Eingang, r. Seite	W	Gefäß	
125	3	N-S	N	f	Gesicht z. Eingang, r. Seite	NW	2 Gefäße	kl. Feuerstelle in der Kammer
126	2	W-O	W	m	Gesicht z. Eingang, r. Seite	S	5 Gefäße, Steinreibe, Hammelrippen	Kohlestükke in der Kammer

Tabelle V: Tigrovaja-Schlucht. Grabanlagen vom Typ V

Kurgan-Nummer	Kurgan-Typ	Dromos-Ausrichtung	Lage des Einbruchs	Geschlecht d. Bestattung	Lage der Bestattung	Lage des Kopfes	Beigaben
-I	Ia	von NW üb. NO n. SO	NO	m	Gesicht z. Eingang, r. Seite	W	Rasiermesser aus Bronze, Hammelrippen
10	Ia	v. SO üb. SW n. NW	SSW	?	Gesicht z. Eingang, l. Seite ? (gestört)	N	2 Gefäße, Bronzespiegel, Bronzemesser, Hammelrippen
21	Ib	v. NO üb. W. n. O	W	f	Gesicht z. Eingang, l. Seite	N	Bronzespiegel
24	Ia	v. NW üb. S n. NO	S	f	Rücken z. Eingang, l. Seite	O	
102	3	v. N üb. SO n. SW	SO	m	Gesicht z. Eingang, r. Seite	Q	Hammelrippen
116	3	v. SW üb. N n. SO	N	f	Gesicht z. Eingang, Rückenlage mit Drehung r. Seite	O	

Tabelle VI: Tigrovaja-Schlucht. Grabanlagen von Sonderformen

Kurgan-Nummer	Kurgan-Typ	Dromos-Ausrichtung	Lage des Einbruchs	Geschlecht d. Bestattung	Lage der Bestattung	Lage des Kopfes
77	3	NNW II SSO Lage der Grube	NNW	f	Gesicht z. Eingang, l. Seite	O
14	Ib	in der Mitte des Kurgans		? (ein Kind)	gestört	?
91	3	in der Mitte des Kurgans		? (ein Kind)	gestört	?

Literaturabkürzungen

AA	– Arts asiatiques: Cahiers publiés par l'Ecole Française d'Extrême-Orient avec le concours du Centre National de la Recherche Scientifique. Paris.
AO	– Archeologičeskie otkrytija
ART	– Archeologičeskie raboty v Tadžikistane. Vyp. X Moskva, vyp. XIII – XIX Dušanbe.
ASGĖ	– Archeologičeskij sbornik Gosudarstvennogo Ėrmitaža. Leningrad.
EW	– East and West, New Series. Rome.
IAN Tadž. SSR, OON	– Izvestija Akad. nauk Tadžikskoj SSR, Otdelenie obščestvennych nauk. Stalinabad.
IAN Turkm. SSR, OON	– Izvestija Akad. nauk Turkmenskoj SSR, Serija obščestvennych nauk. Aschabad.
IMKU	– Istorija material'noj kul'tury Uzbekistana. Taškent.
IsMEO	– Istituto Italiano per il Medio ed Estremo Oriente. Roma.
ITF AN SSSR	– Izvestija Tadžikskogo filiala Akad. nauk SSSR. Stalinabad.
KD	– Karakumskie drevnosti. Aschabad.
KSIA	– Kratkie soobščenija o dokladach i polevych issledovanijach Instituta archeologii Akad. nauk SSSR. Moskva.
KSIIMK	– Kratkie soobščenija o dokladach i polevych issledovanijach Instituta istorii material'noj kul'tury Akad. nauk SSSR. Moskva.
KSIĖ	– Kratkie soobščenija Instituta ėtnografii im. N. N. Miklucho-Maklaja Akad. nauk SSSR. Moskva, Leningrad.
MDAFA	– Mémoires de la Délégation Archéologique Française en Afghanistan. Paris.
MIA	– Materialy i issledovanija po archeologii SSSR. Moskva, Leningrad.
MKT	– Material'naja kul'tura Tadžikistana. Dušanbe.
MSGN	– Meždunarodnyj Sojuz geologičeskich nauk.
MTPĖ AN SSSR	– Materialy Tadžiksko-Pamirskoj ėkspedicii Akad. nauk SSSR. Leningrad.
MChĖ	– Materialy Chorezmskoj ėkspedicii. Moskva.
MJuTAKĖ	– Materialy Južno-Turkmenistanskoj archeologičeskoj kompleksnoj ėkspedicii. Aschabad.
ONU	– Obščestvennye nauki v Uzbekistane. Taškent.
SA	– Sovetskaja archeologija. Moskva.
SNV	– Strany i narody Vostoka. Moskva.
SRIKM	– Soobščenija respublikanskogo istoriko-kraevedčeskogo Muzeja Tadžikskoj SSR. Stalinabad.
STF AN SSSR	– Soobščenija Tadžikskogo filiala Akad. nauk SSSR. Stalinabad.
SĖ	– Sovetskaja ėtnografija. Moskva.
TGIM	– Trudy Gosudarstvennogo Istoričeskogo muzeja. Moskva.
TII AN Kirg. SSR	– Trudy Instituta istorii Akad. nauk Kirgizskoj SSR. Frunze.
TIIAĖ AN Tadž. SSR	– Trudy Instituta istorii im. Doniša Akad. nauk Tadžikskoj SSR. Dušanbe.

TIIAĖ AN Kaz. SSR	— Trudy Instituta istorii, archeologii i ėtnografii Akad. nauk Kazachskoj SSR. Alma-Ata.
TIIAĖ AN Tadž. SSR	— Trudy Instituta istorii, archeologii i ėtnografii Akad. nauk Tadžikskoj SSR. Stalinabad.
TIIAĖ AN Turkm. SSR	— Trudy Instituta istorii, archeologii i ėtnografii Akad. nauk Turkmenskoj SSR. Aschabad.
TIĖ	— Trudy Instituta ėtnografii im. N. N. Miklucho-Maklaja Akad. nauk SSR. Moskva.
TIJaLI Kirg. FAN SSSR	— Trudy Instituta jazyka, literatury i istorii Kirg. filiala Akad. nauk SSSR. Frunze.
TSAGU	— Trudy Sredneaziatskogo Gosudarstvennogo universiteta im. V. I. Lenina. Taškent.
TSTAĖ	— Trudy Sogdijsko-Tadžikskoj archeologičeskoj ėkspedicii Instituta istorii material'noj kul'tury Akad. nauk SSSR, Tadžikskogo filiala Akad. nauk SSSR i Gosudarstvennogo Ėrmitaža. Moskova, Leningrad.
TTAĖ IIMK AN SSSR, IIAĖ AN	— Tadz. SSR i GĖ — Trudy Tadžikskoj archeologičeskoj ėkspedicii Instituta istorii material'noj kul'tury Akad. nauk SSSR; Instituta istorii, archeologii i ėtnografii Akad. nauk Tadžikskoj SSR i Gosudarstvennogo Ėrmitaža. Moskva, Leningrad.
TChAĖĖ	— Trudy Chorezmskoj archeologo-ėtnografičeskoj ėkspedicii. Moskva.
TJuTAKĖ	— Trudy Južno-Turkmenistanskoj archeologičeskoj kompleksnoj ėkspedicii. T. II, VII, X. Aschabad.
USA	— Uspechi sredneaziatskoj archeologii. Leningrad.
VAU	— Voprosy archeologii Urala. Sverdlovsk.
VDI	— Vestnik drevnej istorii. Moskva.

Literatur

Abdullaev B. 1977a — Novyj pamjatnik ėpochi bronzy na juge Uzbekistana. — ONU, Nr. 1, 33 – 38.
Abdullaev B. 1977b — Raskopki pozdnich pogrebenij mogil'nika Džarkutan. — IMKU, vyp. 13, 33 – 40.
Abdullaev B. 1979 — Mogil'nik Džarkutan. — IMKU, vyp. 15, 22 – 34.
Abdullaev B. N. 1980 — Kul'tura drevnezemledel'českich plemen ėpochi pozdnej bronzy Severnoj Baktrij (po materialam mogil'nika Džarkutan): Avtoref. diss. . . . kand. ist. nauk. Novosibirsk.
Abdusaljamov I. A., Arutjumov L. A. 1968 — Životnyj mir. — Atlas Tadžikskoj Sovetskoj Socialističeskoj respubliki. Dušanbe, Moskva.
Abramzon S. M. 1971 — Kirgizy i ich ėtnogenetičeskie i istoriko-kul'turnye svjazi. Leningrad.
Ageeva E. I., Pacevič G. I. 1956 — Otčet o rabotach Južno-Kazachstanskoj archeologičeskoj ėkspedicii 1953 goda. — TIIAĖ AN Kaz. SSR, t. 1, 33 – 60.
Akišev K. A. 1959 — Saki Semireč'ja. — TIIAĖ AN Kaz. SSR, t. 7. Archeologija, 204 – 214.
Akišev K. A., Kušaev G. A. 1963 — Drevnjaja kul'tura sakov i usunej doliny reki Ili. Alma-Ata.
Alekšin B. A. 1975 — (Rez.) Askarov A. 1973, Sapallitepa. Taškent. — ONU, Nr. 2, 49 – 51.
Alekšin B. A. 1980 — K probleme genetičeskoj svjazi južnoturkmenskich kompleksov ėpochi bronzy. — KSIA, 1980, vyp. 161. Pamjatniki ėpochi bronzy, 24 – 31.
Amiet P. 1977 — Bactriane proto-historique. — Syria, 54, 89 – 121.
Andreev M. S. 1949 — K charakteristike drevnich tadžikskich semejnich otnošenij. — ITF AN SSSR, Nr. 15. Istorija i ėtnografija, 3 – 19.
Andreev M. S. 1953 — Tadžiki doliny Chuf (verchov'ja Amudar'i). Vyp. I. — TIIAĖ AN Tadž. SSR, t. 7.
Andreev M. S. 1958 — Tadžiki doliny Chuf (verchov'ja Amudar'i). Vyp. II. — TIIAĖ AN Tadž. SSR, t. LXI. Andronovskaja kul'tura, 1966 — Sost. i avt. vstupit. stat'i V. S. Sorokin. Vyp. I. Pamjatniki zapadnich rajonov. — SAI, vyp. B 3 – 2.
Antonova E. A., Vinogradova N. M. 1979 — O letnich i osennich razvedkach v Regarskom rajone v 1974 g. — ART, vyp. XIV (1974 god), 93 – 109.
Arne T. J. 1945 — Excavations at Shah Tepe, Iran. — The Sino-Swedish Expedition Publ. 27, VII, Archaeology, 5, Stockholm.
Artamonov M. I. 1934 — Sovmestnye pogrebenija v kurganach so skorčennymi i okrašennymi kostjakami. — Porblemy istorii dokapitalističeskich obščestv, Nr. 7 – 8, 108 – 125.
Askarov A. A. 1973 — Sapallitepa. Taškent.
Askarov A. A. 1977 — Drevnezemledel'českaja kul'tura ėpochi bronzy juga Uzbekistana. Taškent.
Askarov A. A. 1981 — K peredatirovke kul'tury Zamanbaba. — In: Kul'tura i iskusstvo drevnego Chorezma. Moskva, 99 – 110.
Askarov A., Abdullaev B. 1978 — Raskopki mogil'nika Džarkutan (rezul'taty rabot vesnoj 1975 g.). — IMKU, vyp. 14, 19 – 42.
Askarov A., Al'baum L. I. 1979 — Poselenie Kučuktepa. Taškent.
Askarov A. A., Abdurazakov A. A., Bogdanova-Berezovskaja I. V., Ruzanov V. D. 1975 — Chimičeskij sostav metalličeskich predmetov iz poselenija Sapallitepa. — IMKU, vyp. 12, 72 – 84.
Banzarov D. 1955 — Černaja vera, ili šamanstvo u mongolov. — Banzarov D. Sobr. soč. Moskva.

Beljaeva T. V., Chakimov Z. A. 1973 — Drevnebaktrijskie pamjatniki Miršade. — In: Iz. istorii antičnoj kul'tury Uzbekistana. 35 - 51, Taškent.

Bernštam A. N. 1952 — Istoriko-archeologičeskie očerki Central'nogo Tjan'-Šanja i Pamiro-Alaja. — MIA, Nr. 26.

Bogdanova-Berezovskaja I. V. 1968 — Chimičekij sostav metalličeskich predmetov iz mogil'nikov èpochi bronzy v Beškentskoj doline. — MIA, Nr. 145.

Casal J. M. 1961 — Fouilles de Mundigak. — MDAFA, t.XVII, Paris. Vol.I: texte. Vol.II: figures et planches.

Ceren È. 1976 — Lunnyj bog. Moskva.

Černecov V. N., Mošinskaja V. I. 1951 — Gorodišče Bol'šoj Log. — KSIIMK, vyp. XXXVII, 78 - 87.

Černikov S. S. 1960 — Vostočnyj Kazachstan v èpochu bronzy. — MIA, Nr. 88.

Členova N. L. 1976 — Karasukskie kinžaly. Moskva.

Chlobystina M. D. 1975 — Voprosy izučenija struktury andronovskich obščin „alakul'skogo tipa". — SA, Nr. 4, 23 - 35.

Chlopin I. N. 1968 — Raskopki na Namazga-depe. — AO 1967 goda. Moskva, 349 - 350.

Chlopin I. N. 1969 — Pamjatniki razvitogo èneolita Jugo-Vostočnoj Turkmenii. — SAI, vyp. B 3 - 8. Èneolit Južnych oblastej Srednej Azii, 3.

Chlopin I. N. 1970 — Problema proizchoždenija kul'tury stepnoj bronzy. — KSIA, vyp. 122. Archeologičeskoe izučenie Srednej Azii, 54 - 58.

Chlopin I. N. 1973 — Raskopki v doline Sumbara. — In: Tezisy dokladov sessii, posvjaščennoj itogam polevych archeologičeskich issledovanij 1972 goda v SSSR. Taškent, 232 - 234.

Chloplin I. N. 1975 — Raskopki Sumbarskich mogil'nikov. — In: Novešie otkrytija sovetskich archeologov: Tezisy dokladov konferencii (g. Kiev, apr. 1975 g.) I. Kiev, 113 - 114.

Chloplin I. N. 1976 — Sumbarskie mogil'niki — ključ dlja sinchronzacii pamjatnikov èpochi bronzy juga Srednej Azii i Irana. In: Le plateau Iranien et l'Asie Centrale dès origines à la conquête islamique: Leurs relations à la lumière des documents archéologiques: Colloques internationaux du Centre National de la Recherche Scientifique, No. 567 (Paris, 22 - 24 mars 1976), 143 - 154. Paris.

Chlopin I. N., Chlopina L. I. 1978 — Raskopki v doline Sumbara. — AO 1977 goda. Moskva, 550 - 551.

Chlopina L. I. 1972 — Kuchonnaja keramika vremeni Namazga VI. —KSIA, vyp. 132. Archeologija Kavkaza i Srednej Azii, 59 - 64.

Chlopina L. I. 1978 — Namazga-tepe i èpocha pozdnej bronzy Južnoj Turkmenii: Avtoref. diss. . . . kand. ist. nauk. Leningrad.

Chlopina L. I. 1980 — Opredelenie pola pogrebennych v mogil'nike èpochi bronzy Dašly 3. — KSIA, vyp. 161. Pamjatniki èpochi bronzy, 3 - 8.

Chlopina L. I., Chlopin I. N. 1976 a — Mogil'nik Sumbar I (predvaritel'noe soobščenie). — IAN Turkm. SSR, SON, Nr. 2, 83 - 87.

Chlopina L. I., Chlopin I. N. 1976 b — Raskopki mogil'nika Sumbar I v 1972 - 1973 gg. — KSIA, vyp. 147. Archeologija Srednej Azii i Sibiri, 14 - 20.

Chodžajov T. K. 1977 — Antropologičeskich sostav naselenija èpochi bronzy Sapallitepa. Taškent.

Chodžajov T. K., Chalilov Ch. 1977 — Paleoantropologičeskie materialy iz mogil'nika Džarkutan. — IMKU, vyp. 13, 41 - 47.

Dani A. H., Durrani F. A. 1968 — Extent of the Grave Culture and Report on Thana Excavation. — Ancient Pakistan, 1967, vol. III. Peshawar, 211 - 234.

Demidov S. M. 1962 — K voprosu o nekotorych perežitkach domusul'manskich obrjadov i verovanij u jugo-zapadnych turkmen. — TIIAÈ AN Turkm. SSR, t. VI. Serija ètnografičeskaja, 183 - 219.

Denisov E. P. 1979 — Otčet o rabote Dangarinskogo otrjada v 1974 g. — ART, vyp. XIV (1974 god), 214 - 230.

Deshayes J. 1960 a — Les outils de bronze de l'Indus au Danube (IVe au IIe millénaire), I.-Institut Français d'archéologie de Beyrouth. Bibliothèque archéologique et historique, t.LXXI. Paris.

Deshayes J. 1960 b — Les outils de bronze de l'Indus au Danube (IVe au IIe millénaire), II.-Institut Français d'archéologie de Beyrouth. Bibliothèque archéologique et historique, t.LXXI. Paris.

D'jakonov M. M. 1949 — Raboty Tadžikskogo-Sogdijskoj archeologičeskoj ėkspedicii v 1946 - 1948 gg. — STF AN SSSR, vyp. X, 47 - 50.

D'jakonov M. M. 1950 — Raboty Kafirniganskogo otrjada. — MIA, Nr. 15. TSTAĖ, t. I, 1946 - 1947 g., 147 - 186.

D'jakonov M. M. 1953 — Archeologičeskie raboty v nižnem tečenii reki Kafirnigan (Kobadian). — MIA, Nr. 37. TTAĖ IIMK AN SSSR, IIAĖ AN Tadž. SSR i GĖ, t. II. 1948 - 1950 gg., 253 - 293.

D'jumezil' Ž. 1976 — Osetinskij ėpos i mifologija. Moskva.

Evdokimov V. V. 1975 — Novye raskopki Alekseevskogo poselenija na r. Tobol. — SA, Nr. 4, 163 - 172.

Dupree L., Gouin P., Omer N. 1971 — The Khosh Tapa Hoard from North Afghanistan. — Archaeology, vol. 24, No. 1, 28 - 35.

Dyson R. H. 1965 — Notes on Weapons and Chronology in Northern Iran around 1000 B. C. — Dark Ages and Nomads c. 1000 B. C. Istanbul.

Etničeskie problemy..., 1981 — Etničeskie problemy istorii Central'noj Azii v drevnosti (II tysjačeletie do n.e.): Trudy Meždunarodnogo simpoziuma po ėtniceskim problemam istorii Central'noj Azii v drevnosti (II. tysjačeletie do n.e.) [g. Dušanbe, 17 - 22 okt. 1977 g.]. Moskva.

Fedorova-Davydova Ė. A. 1973 a — K probleme andronovskoj kul'tury. — In: Problemy archeologii Urala i Sibiri: Sb. statej, posvjaščennyj pamjati V. N. Černecova. Moskva, 133 - 152.

Fedorova-Davydova Ė.A. 1973 b — Obrjad truposožženija u srubno-alakul'skich plemen. — In: Problemy archeologii Urala i Sibiri: Sb. statej, posvjaščennyj pamjat V.N. Černecova. Moskva.

Frazer J. G. 1934 — The Fear of the Dead in Primitive Religion. Vol. II. London.

Francfort H.-P. 1979 — The Late Periods of Shortughai and the Problem of the Bishkent Culture (Middle and Late Bronze Age in Bactria). — In: South Asian Archaeology, 1979: Papers from the Fifth International Conference of the Association of South Asian Archaeologists in Western Europe held in the Museum für Indische Kunst der Staatlichen Museen Preussischer Kulturbesitz Berlin. Berlin, 191 - 202.

Francfort H.-P., Pottier M.-H. 1978 — Sondage préliminaire sur l'établissement protohistorique Harappéen et post-Harappéen de Shortugai (Afghanistan du N.-E.) — AA, XXXIV, Paris, 29 - 79.

Frejdenberg O. M. 1978 — Mif i literatura drevnosti. Moskva.

Frolov B. A. 1974 — Čisla v grafike paleolita. Novosibirsk.

Gafarov S. G., Rachmanov Ju. T. 1968 — Ovcy i kozy. Letnee soderžanie. Zimnee soderžanie (karty). — Atlas Tadžikskoj Sovetskoj Socialističeskoj respubliki. Dušanbe, Moskva, 161.

Gafurov B. G. 1972 — Tadžiki. Drevnějšaja, drevnjaja i srednevekovaja istorija. Moskva.

Galkin L. L. 1975 — Odno iz drevnějších praktičeskich prisposoblenij skotovodov. — SA, Nr. 3, 186 - 192.

Ganjalin A. F. 1956 a — Pogrebenij epochi bronzy u selenija Jangi-kala. — TJuTAKĖ, t. VII, 374 - 384.

Ganjalin A. F. 1956 b — Tekkem-depe. — TIIAĖ AN Turkm. SSR, t. II. Materialy po archeologii Turkmenistana, 67 - 86.

Geller S. Ju. 1958 — Rel'ef. — In: Srednjaja Azija: fiz.-geogr. charakteristika. Moskva, 71 - 118.

Gening V. F. 1975 — Chronologičeskie kompleksy XVI v. do n.e. (po materialam Sintaštinskogo mogil'nika). — In: Novejšie otkrytija sovetskich archeologov: Tezisy dokladov konferencii (g. Kiev, apr. 1975 g). Kiev.

Gening V. F. 1977 — Mogil'nik Sintašta i problema rannich indoiranskich plemen. — SA, 1977, Nr. 4, 53 - 73.

Gening V. F., Borzunov V. A. 1975 — Metodika statističeskoj charakteristiki i sravnitel'nogo analiza pogrebal'nogo obrjada. — BAU, vyp. 13, 42 - 72.

Gening V. F., Gusencova T. M., Kondrat'ev O. M., Stefanov V. I., Trofimenko V. S. 1970 — Periodizacija poselenij ėpochi neolita i bronzovogo veka Srednego Priirtyš'ja. — In: Problemy chronologii i kul'turnoj prinadležnosti archeologičeskich pamjatnikov Zapadnoj Sibiri: Materialy soveščanija (g. Tomsk, 25 - 31 maja 1970 g.) Tomsk, 12 - 51.

Ghirshman R. 1939 — Fouilles de Sialk près de Kashan 1933, 1934, 1937. Vol.II. — Musée du Louvre. Département des antiquités orientales. Ser. archéol., t. V. Paris.

Giljarova M. A. 1936 — Rajon pestrocvetnych nizkogorij Jugo-Zapadnogo Tadžikistana. — MTPĖ, vyp. XXIII, 311 - 330.

Gorbunov V. S. 1976 — Klassifikacija abaševskich mogil'nikov Baškirii. — In: Drevnosti Južnogo Urala. Sb. statej. Ufa, 18 - 34.

Gordon D. H. 1951 — The Chronology of the Third Cultural Period at Tepe Hissar. — Iraq, vol.XIII, 1, 40 - 61.

Grantovskij E. A. Rannjaja istorija iranskich plemen Perednej Azii. Moskva.

Grjaznov M. P. 1957 — Ėtapy razvitija chozjajstva skotovodčeskich plemen Kazachstana i Južnoj Sibiri v ėpochu bronzy. — KSIĖ, vyp. XXVI, 21 - 28.

Grjaznov M. P. 1966 — Vostočnoe Priaral'e. — In: Srednjaja Azija v ėpochu kamnja i bronzy. Moskva, Leningrad, 233 - 238.

Grjaznov M. P. 1970 — Pastušeskie plemena Srednej Azii v ėpochu razvitoj i pozdnej bronzy. — KSIA, vyp. 122. Archeologičeskoe izučenie Srednej Azii, 37 - 43.

Grjaznov M. P. 1980 — Aržan. Carskij kurgan ranneskifskogo vremeni. Leningrad.

Gudkova A. V. 1964 — Tok-kala. Taškent.

Guljamov Ja. G., Islamov U., Askarov A. 1966 — Pervobytnaja kul'tura i vozniknovenie orošaemogo zemledelija v nizov'jach Zaravšana. Taškent.

Guseva N. P. 1977 — Induizm. Istorija formirovanija. Kul'tovaja praktika. Moskva.

Herzfeld E. E. 1941 — Iran in the Ancient East. — London.

Ivanov V. V. 1974 — Opyt istolkovanija drevneindijskich ritual'nych i mifologičeskich terminov, obrazovannych ot aśva — „kon'". — In: Problemy istorii jazykov i kul'tury narodov Indii: Sb. statej. Pamjati V. S. Vorob'eva-Desjatovskogo. Moskva, 75 - 138.

Ivanov V. V. 1978 — Čet i nečet. Asimmetrija mozga i znakovych sistem. Moskva.

Ismailov G. S. 1978 — Archeologičeskoe issledovanie drevnego poselenija Baba-Derviš (III tycjačeletie do n. ė.). Baku.

Itina M. A. 1954 — K voprosu ob otraženii obščesvennogo stroja v pogrebal'nych obrjadach pervobytnych narodov. — SĖ, Nr. 3, 63 - 68.

Itina M. A. 1961 — Raskopki mogil'nika tazabag"jabskoj kul'tury Kokča 3. — MChĖ, vyp. 5. Mogil'nik bronzovogo veka Kokča 3, 3 - 96.

Itina M. A. 1970 — Iz istorii naselenija stepnoj polosy Sredneaziatskogo Meždureč'ja v ėpochi bronzy. — KSIA, vyp. 122. Archeologičeskoe izučenie Srednej Azii, 49 - 53.

Itina M. A. 1977 — Istorija stepnych plemen Južnogo Priaral'ja (II- načalo I tysjačeletija do n. ė.). — TChAĖĖ,X.

ITN, 1963 — Istorija tadžikskogo naroda. T. I. S drevnejšich vremen do V v.n.ė.. Pod. red. B. G. Gafurova i B. A. Litvinskogo. Moskva.

Jusupov A. 1975 — Neolitičeskoe poselenie Saj-Sajed na jugo-zapade Tadžikistana. — SA, Nr. 2, 138 - 146.

Karmyševa B. Ch. 1954 – Uzbeki-lokajcy Južnogo Tadžikistana. Vyp. I. Istoriko-etnografičeskij očerk životnovodstva v dorevoljucionnyj period. – TIIAE AN Tadž. SSR, t. XXVIII.

Karymševa B. Ch. 1959 – Tipy skotovodstva v južnych rajonach Uzbekistana i Tadžikistana (konec XIX – načalo XX veka). – SE, Nr. 3, 44 – 50.

Kibirov A., Kožemjako P. N. 1956 – Novye pamjatniki epochi bronzy. – TII AN Kirg. SSR, vyp. II, 37 – 46.

Kijatkina T. P. 1974 – Kraniologičeskie materialy epochi pozdnej bronzy iz Južnogo Tadžikistana. – In: Problemy etničeskoj antropologii i morfologii čeloveka. Leningrad, 22 – 35.

Kijatkina T. P. 1976 – Materialy k paleoantropologii Tadžikistana. Dušanbe.

Kinžalov R. V. 1971 – Kul'tura drevnich majja. Leningrad.

Kiselev S. V. 1951 – Drevnjaja istorija Južnoj Sibiri. Moskva.

Kol'man E. 1961 – Istorija matematiki v drevnosti. Moskva.

Komarova M. N. 1962 – Otnositel'naja chronologija pamjatnikov andronovskoj kul'tury. – ASGE, vyp. 5. Pamjatniki epochi bronzy i rannego železa Vostočnoj Evropy, Južnoj Sibiri i Srednej Azii, 50 – 75.

Korenjako V. A. 1977 – Pogrebal'naja obrjadnost' kak sistema. – In: Archeologija i voprosy ateizma. Groznyj, 5 – 7.

Korobkova G. F. 1973 – K probleme neolitičeskich skotovodov Srednej Azii. – In: Tezisy dokladov sessii, posvjaščennoj itogam polevych archeologičeskich issledovanij 1972 goda v SSSR. Taškent, 207 – 210.

Kosven M. O. 1948 – Avunkulat. – SE, Nr. 1, 3 – 46.

Kozenkova V. I. 1967 – Issledovanie pamjatnikov rannego železnogo veka u sel. Seržen'-Jurt (Čečeno-Ingušetija). – KSIA, vyp. 112. Archeologičeskie pamjatniki epochi bronzy na territorii Vostočnoj Evropy, 82 – 89.

Krivcova-Grakova O. A. 1947 – Alekseevskoe poselenie i mogil'nik. – TGIM, vyp. 17. Archeologičeskij sbornik, 59 – 172.

Krivcova-Grakova O. A. 1955 – Stepnoe Povolž'e i Pričernomor'e v epochu pozdnej bronzy. – MIA, Nr. 46.

Kruglikova I. T., Sarianidi V. I. 1971 – Drevnjaja Baktrija v svete novych archeologičeskich otkrytij. – SA, Nr. 4, 154 – 177.

Kruglov A. P., Podgaeckij G. V. 1935 – Rodovoe obščestvo stepnej Vostočnoj Evropy. – Izvestija Gosudarstvennoj Akademii istorii material'noj kul'tury im. N. Ja. Marra, vyp. 119.

Krupnov E. I. 1951 – Materialy po archeologii Severnoj Osetii dokobanskogo perioda. (Opyt periodizacii pamjatnikov epochi eneolita i bronzy). – MIA, Nr. 23. Materialy i issledovanija po archeologii Severnogo Kavkaza, 17 – 74.

Krupnov E. I. 1957 – Drevnjaja istorija i kul'tura Kabardy. Moskva.

Kryvelev I. A. 1979 – Kritika religioznogo učenija o bessmertii. Moskva.

Kuftin B. A. 1956 – Polevoj otčet o rabote XIV otrjada JuTAKE po izučeniju kul'tury pervobytno-obščinnych osedlozemedel'českich poselenij epochi medi i bronzy v 1952 g. – TJuTAKE, t. VII, 260 – 290.

Kuz'mina E. E. 1958 – Mogil'nik Zamanbaba. – SE, Nr. 2, 24 – 33.

Kuz'mina E. E. 1964 a – O južnych predelach rasprostranenija stepnych kul'tur epochi bronzy v Srednej Azii. – In: Pamjatniki kamennogo i bronzovogo veka Evrazii. Moskva, 141 – 158.

Kuz'mina E. E. 1964 b – Periodizacija mogil'nikov Elenovskogo mikrorajona androvskoj kul'tury. – In: Pamjatniki kamennogo i bronzovogo vekov Evrazii. Moskva, 121 – 140.

Kuz'mina E. E. 1966 – Metalličeskie izdelija eneolita i bronzovogo veka v Srednej Azii. – SAI, vyp. V 4 – 9.

Kuz'mina E. E. 1967 – Klad iz s. Predgornoe i vopros o svjazjach naselenija evrazijskich stepej v konce epochi bronzy. – In: Pamjatniki epochi bronzy juga Evropejskoj časti SSSR. Kiev, 214 – 216.

Kuz'mina E. E. 1968 — Nekotorye spornye voprosy istorii pervobytnoj kul'tury v nizov'jach Zeravšana. — SA, Nr. 2, 302 - 309.

Kuz'mina E. E. 1972 a — K voprosu o formirovanii kul'tury Severnoj Baktrii („Baktrijskij miraž" i archeologičeskaja dejstvitel'nost'). — VDI, Nr. 1, 131 - 147.

Kuz'mina E. E. 1972 b — Kul'tura Svata i ee svjazi o Severnoj Baktriej (Obzor rabot ital'janskoj archeologičeskoj missii v Pakistane). — KSIA, vyp. 132. Archeologija Kavkaza i Srednej Azii, 116 - 121.

Kuz'mina E. E. 1973 — Mogil'nik Tuktubaevo i vopros o chronoloigii pamjatnikov fedorovskogo tipa na Urale. — In: Problemy archeologii Urala i Sibiri: Sb. statej, posvjaščennyj pamjati V. N. Černecova. Moskva, 153 - 164.

Kyzlasov L. R., Margulan A. Ch. 1950 — Plitočnye ogrady mogil'nika Begazy. — KSIIMK, vyp. XXXII, 125 - 136.

Lavrov L. I. 1959 — Doislamskie verovanija adygejcev i kabardincev. — TIĖ, n.s., t. 51. Moskva, 193 - 236.

Levi-Brjul' L. 1930 — Pervobytnoe myšlenie. Moskva.

Lelekov L. A. 1972 — K istolkovaniju pogrebal'nogo obrjada v Tagiskene. — SĖ, Nr. 1, 128 - 131.

Lelekov L. A. 1976 — Otrazenije nekotorych mifologiceskich vozzrenij v architekture vostočnoiranskich narodov v pervoj polovine I tys. do n. ė. — In: Istorija i kul'tura narodov Srednej Azii: Drevnost' i srednie veka. Moskva, 7 - 18.

Liberov P. D. 1954 — Chronologija pamjatnikov Podneprov'ja skifskogo vremeni. — In: Voprosy skifosarmatskoj archeologii (po materialam konferencii IIMK AN SSSR 1952 g.). Moskva, 132 - 167.

Lips Ju. 1954 — Proizchoždenie veščej. Iz istorii kul'tury čelovecestva. Moskva.

Litvinskij B. A. 1961 — O toporach epochi bronzy iz Tadžikistana. — IAN Tadž. SSR, OON, Nr. 1 (24), 59 - 66.

Litvinskij B. A. 1964 — Tadžikistan i Indija (primery drevnich svjazej i kontaktov). — In: Indija v drevnosti. Moskva, 143 - 165.

Litvinskij B. A. 1967 a — Archeologičeskie otkrytija v Tadžikistane za gody sovetskoj vlasti i nekotorye problemy drevnej istorii Srednej Azii. — VDI, Nr. 4, 118 - 137.

Litvinskij B. A. 1967 b — Archeologija Tadžkistana za gody sovetskoj vlasti. — SA, Nr. 3, 106 - 123.

Litvinskij B. A. 1972 a — Drevnie kočevniki „Kryši mira". Moskva.

Litvinskij B. A. 1972 b — Kurgany i kurumy Zapadnoj Fergany. Raskopi. Pogrebal'nyj obrjad v svete ėtnografii. Moskva.

Litvinskij B. A. 1973 — Archeologičeskie raboty v Tadžikistane v 1962 - 1970 gg. (Nekotorye itogi i problemy). — ART, vyp. X (1970 god), 5 - 41.

Litvinskij B. A. 1975 — Pamirskaja kosmologija. — SNV, vyp. XVI. Pamir, 251 - 261.

Litvinskij B. A. 1978 — Orudija truda i utvar' iz mogil'nikov Zapadnoj Fergany. Moskva.

Litvinskij B. A. 1981a — Problemy ėtničeskoj istorii Srednej Azii vo II tysjačeletii do n.ė. (Sredneaziatskij aspekt arijskoj problemy). — In: Etničeskie problemy istorii Central'noj Azii v drevnosti (II tysjačeletie do n.ė.): Trudy Meždunarodnogo simpoziuma po ėtničeskim problemam istorii Central'noj Azii v drevnosti (II tysjačeletie do n.ė.) [g. Dušanbe, 17 - 22 okt. 1977 g.]. Moskva, 154 - 166.

Litvinskij B. A. 1981 b — Semantika drevnych verovanij i obrjadov pamircev (I). — In: Srednjaja Azija i ee sosedy v drevnosti i srednevekob'e. Moskva, 90 - 121.

Litvinskij B. A., Okladnikov A. P., Ranov V. A. 1962 — Drevnosti Kajrach-Kumov. — TII AN Tadž. SSR, t. XXXIII.

Litvinskij B. A., Antonova E. V., Vinogradova N. M. 1976 — Raskopki mogil'nika Tandyr-Jul. — AO 1975 goda. Moskva, 567 - 568.

Litvinskij B. A., Zejmal' T. I., Medvedskaja I. N. 1977 — Otčet o rabotach Južno-Tadžikistanskoj archeologičeskoj ėkspedicii v 1973 g. — ART, vyp. XIII (1973 god), 65 - 103.

Litvinskij B. A., Muchitdinov Ch. 1969 — Antičnoe gorodišče Saksanochur (Južnyj Tadžikistan). — SA, Nr. 2, 160 - 178.

Litvinskij B. A., Ranov V. A. 1961 — Raskopki navesa Ak-tangi v 1959 g. — TII AN Tadž. SSR, t. XXXI, ART, vyp. VII (1959 god), 30 - 49.

Litvinskij B. A., Solov'ev V. S. 1972 — Stojanka stepnoj bronzy v Južnom Tadžikistane. — USA, vyp. I, 41 - 47.

Logofet D. N. 1909 — Na granicach Srednej Azii. Putevye očerki. V 3-ch knigach. Kn. III. Bucharo- Afganskaja granica. S.-Peterburg.

Loziev V. P. 1968 — Geologičeskoe stroenije. — Atlas Tadžikskoj Sovetskoj Socialističeskoj respubliki. Dušanbe, Moskva.

Makkej E. 1951 — Drevnejšaja kul'tura doliny Inda. Moskva.

Maksimenkov G. A. 1978 — Androvskaja kul'tura na Enisee. Leningrad.

Maksimova A. G. 1959 — Ėpocha bronzy Vostočnogo Kasachstana. — TIIAĖ AN Kaz. SSR, t. 7. Archeologija, 86 - 161.

Maksimova A. G. 1962 — Mogil'nik ėpochi bronzy v uročišče Tau-Tary. — TIIAĖ AN Kaz. SSR, t. 14. Arecheologičeskie issledovanija na severnych sklonach Karatau, 37 - 56.

Maksumov A. N. 1964 — Osnovnye problemy bogatarnogo zemledelija Tadžikistana. Agroekologičeskie osobennosti bogarnogo zemledelija Tadžikistana i smežnych oblastej Sredej Azii. Dušanbe.

Maleki J. 1964 — Une fouille en Luristan. — Iranica Antiqua, vol. IV, fasc.1, 1 - 35.

Mandel'stam A. M. 1966 — Kočevniki na puti v Indiju. — MIA, Nr. 136. TTAĖ IA AN SSSR i II AN Tadž. SSR, t. V.

Mandel'stam A. M. 1968 — Pamjatniki ėpochi bronzy v Južnom Tadžikistane. — MIA, Nr. 145, TTAĖ IA AN SSSR i II AN Tadž. SSR, t. VI, 5 - 162.

Margulan A. Ch. 1961 — Kommentarii. — In: Valichanov Č. Č., Sobr. soč. V 5-ti t. T. I. Alma-Ata, 626 - 722.

Margulan A. Ch., Akišev K. A., Kandyrbaev M. K., Obrazbaev A. M. 1966 — Drevnjaja kul'tura Central'nogo Kazachstana. Alma-Ata.

Maretina S. A. 1970 — O kul'te kamnej u naga. — In: Religija i mifologija narodov Vostočnoj i Južnoj Azii. Moskva, 175 - 188.

Markelov M. Kul't umeršich v pochoronnom obrjade volgo-kamskich finnov. — In: Religioznye verovanija narodov SSSR, t. 2. Moskva, Leningrad. 254 - 290.

Maruščenko A. A. 1935 — Archeologičeskie otkrytija poslednych let v Turkmenistane. — Izvestija Turkmenskogo Gosudarstvennogo naučno-issledovatel'skogo Instituta. Aščabad. Nr. I, 14 - 17.

Masimov I. S. 1970 — Raskopki remeslennogo kvartala ėpochi bronzy na poselenii Altyn-depe. — ID, vyp. III, 51 - 63.

Masimov I. S. 1976 — Keramičeskoe proizvodstvo ėpochi bronzy v Južnoj Turkmenii. Aščabad.

Masimov I. S. 1979 — Izučenie pamjatnikov ėpochi bronzy nisov'ev Murgaba. — SA, Nr. 1, 111 - 131.

Masson V. 1956 a — Pamjatniki kul'tury archaičeskogo Dachistana v Jugo-Zapadnoj Turkmenii. — TJuTAKĖ, t. VII, 385 - 458.

Masson V. 1956 b — Raspisnaja keramika Južnoj Turkmenii po raskopkam B. A. Kuftina. — TJuTAKĖ, t. VII, 291 - 373.

Masson V. 1957 a — Izučenije drevnezemledel'českich poselenij v del'te Murgaba. — KSIIMK, vyp. 69, 58 - 65.

Masson V. 1957 b — Izučenie ėneolita i bronzovogo veka Srednej Azii. — SA, Nr. 4, 44 - 54.

Masson V. 1959 — Drevnezemledel'českaja kul'tura Margiany. — MIA, Nr. 73.

Masson V.M. 1961 — Kara-depe u Artyka. — TJuTAKĖ, t. X, 319 - 463.

Masson V. M. 1964 — Srednjaja Azija i Drevnij Vostok. Moskva, Leningrad.

Masson V. M. 1966 a — Gissarskaja kul'tura v Zapadnom Tadžikistane. — In: Srednjaja Azia v epochu kamja i bronzy. Moskva, Leningrad, 145 - 148.

Masson V. M. 1966 b — Rascvet i upadok kul'tury zemledel'cev jugo-zapada. — In: Srednjaja Azija v epochu kamja i bronzy. Moskva, Leningrad.

Masson V. M. 1970 — Raskopki na Altyn-depe v 1969 g. — MJuTAKĖ, vyp. 3.

Masson V. M. 1973 a — Lunnyj zikkurat v Karakumach. — Vokrug sveta, Nr. 11, 22 - 23.

Masson V. M. 1973 b — Raskopki pogrebal'nogo chramovogo kompleksa na Altyn-depe. — AO 1972 goda. Moskva, 480 - 482.

Masson V. M. 1974 — Raskopki pogrebal'nogo kompleksa na Altyn-depe. — SA Nr. 4, 3 - 22.

Masson V. M. 1976 — Ėkonomika i social'nyj stroj drevnich obščestv. Leningrad.

Masson V. M. 1981 — Altyn-depe. — TJuTAKĖ, t. XVIII.

Masson M. E. 1951 — Južno-Turkmenistanskaja archeologičeskaja kompleksnaja ėkspedicija (JuTAKĖ) v 1974 g. — TJuTAKĖ, t. II, 7 - 72.

Material'naja . . ., 1973 — Material'naja kul'tura tadžikov verchov'ev Zeravšana. Pod red. A. K. Pisarčik i N. N. Eršova. Dušanbe.

Maxwell-Hyslop R. F. S. A. 1946 — Daggers and Swords in Western Asia. A Study from Prehistoric Times to 600 B.C. — Iraq, vol. VIII, 1, 1 - 65.

Maxwell-Hyslop R., Hodges N. W. 1964 — A Note on the Significance of the Technique of „Casting on" as applied to a Group of Daggers from Nort-West Persia. — Iraq, vol. XXVI, 1, 50 - 53.

Meletinskij E. M. 1976 — Poėtika mifa. Moskva.

Meljukova A. I. 1964 — Vooruženije skifov. — SAI, vyp. D 1 - 4.

Morozova O. I. 1950 — Pastbišča i ich ispol'zovanie. — In: Sovetskoj Tadžikistan. (Očerki po ėkonomiceskoj geografii). Stalinabad, 38 - 41.

Munčaev R. M. 1961 — Drevnejsaja kul'tura Severo-Vostočnogo Kavkaza. — MIA, Nr. 100.

Müller-Karpe H. 1983 — Jungbronzezeitlich — früheisenzeitliche Gräberfelder der Swat-Kultur in Nord-Pakistan. AVA — Mat. 20. München.

Murodov O. 1979 — Drevnye obrazy mifologii u tadzikov doliny Zeravšana. Dušanbe.

Nazarenko V. A. 1970 — Klassifikacija pogrebal'nych pamjatnikov južnogo Priladož'ja. — In: Statistiko-kombinatornye metody v archeologii. Moskva, 191 - 201.

Narody Avstralii . . ., 1956 — Narody Avstralii i Okeanii. Pod red. S. A. Tokareva i S. P. Tolstova. — Narody mira: Etnografičeskie očerki. Moskva.

Narody Srednej Azii . . ., 1962 — Narody Srednej Azii i Kazachstana. I. Pod red. S. P. Tolstova, T. A. Ždanko, S. M. Abramzona, N. A. Kisljakova. — Narody mira: Ėtnografičeskie očerki. Moskva.

Narody Srednej Azii . . ., 1963 — Narody Srednej Azii i Kazachstana. II. Pod red. S. P. Tolstova, T. A. Ždanko, S. M. Abramzona, N. A. Kisljakova. — Narody mira: Etnograficeskie očerki. Moskva.

Negahban E. O. 1964 — A preliminary Report on Marlik Excavation Gohar Rud Expedition. Rudbar 1961 - 1962. — Joint Publication of the Iranian Archaeological Service and the Institute of Archaeology of the University of Tehran. Tehran.

Obel'čenko O. V. 1957 — Kurgannye pogrebenija pervych vekov n.ė. i kenotafy Kuju-Mazarskogo mogil'nika. — TSAGU, n.s., vyp. CXI, Ist. nauki, kn. 25. Archeologija Srednej Azii, IV, 109 - 132.

Okladnikov A. P. 1949 — Issledovanie must'erskoj stojanki i pogrebenija neandertal'na v grote Tešik-Taš. — In: Tešik-Taš. Paleolitičeskij čelovek. Moskva, 7 - 85.

Okladnikov A. P. 1955 — Neolit i bronzovyj vek Pribajkal'ja. III (Glazkovskoe vremja). —MIA, Nr. 43.

Okladnikov A. P. 1958 — Issledovanie pamjatnikov kammenogo veka Tadžikistana. (Predvaritel'noe soobščenie o rabotach 1948, 1952 – 1954 gg.). — MIA, Nr. 66. TTAĖ IIMK AN SSSR, IIAĖ AN Tadž. SSR i GĖ, t. III, 1951 – 1953 gg., 11 – 71.

Petraš Ju. G. 1963 — Materialy o perežitkach doislamskich kul'tov na juge Kirgii. — In: Filosofiskie problemy ateizma. Moskva.

Pidaev S. R. 1974 — Materialy k izučeniju drevnich pamjatnikov Severnoj Baktrii. — In: Drevnjaja Baktrija: Predvaritel'noe soobščenie ob archeologičeskich rabotach na juge Uzbekistana. Leningrad, 32 – 42.

Piperno M., Tosi M. 1975 — The Graveyard of Shahr-i-Sokhta, Iran. — Archaeology, vol. 28, No. 3, 186 – 198.

Pisarčik A. K. 1978 — Očagi, peči i sistemy stoplenija v Uzbekistane, Tadžikistane i sopredel'nych regionach: Doklad na naučnoj sessii Instituta istorii im. A. Doniša AN Tadž. SSR, posvjaščennoj resul'tatem polevych issledovanij 1976 – 1977 gg. [g. Dušanbe, 16 maja 1978g.].

Pogrebova M. N. 1960 — Bronzovoj kinžal peredneaziatskogo tipa Kedabekskogo mogil'nika v Severnom Azerbajdžane. — TGIM, vyp. 37, 60 – 67.

Pogrebova M. N. 1965 — Neskol'ko iranskich kinžalov na Kavkaze. — KSIA, vyp. 103, 11 – 18.

Pogrebova M. N. 1977 — Iran i Zakavkaz'e v rannem železnom veke. Moskva.

Pogrebova M. N., Členova N. L. 1970 — Kavkazskij kinžal, najdennyj v Kitae. — In: Sibir' i ee sosedy v drevnosti (Drevnjaja Sibir', vyp. 3). Novosibirsk, 290 – 295.

Popova T. B. 1955 — Plemena katakombnoj kul'tury Severnogo Pričernomor'ja vo vtorom tysjačeletii do n. ė. — TGIM, vyp. 24.

Postovskaja N. M. 1957 — O carskich kenotafach drevnego Ėgipta (kenotafy i cheb-sed). — VDI, Nr. 3, 122 – 144.

Potemkina T. M. 1975 — Keramičeskie kompleksy Alekseevskogo poselenija na r. Tobol. — SA, 1975, Nr. 1, 35 – 50.

P'jankova L. T. 1973 — Mogil'nik ėpochi bronzy Tigrovaja Balka. — In: Tezisy dokladov sessii, posvjaščennoj itogam polevych archeologičeskich issledovanij 1972 goda v SSSR. Taškent, 223 – 224.

P'jankova L. T. 1974 — Mogil'nik ėpochi bronzy Tigrovaja Balka. — SA, Nr. 3, 165 – 180.

P'jankova L. T. 1975 — Nurekskij mogil'nik ėpochi bronzy. — AO 1974 goda. Moskva, 542 – 543.

P'jankova L. T. 1978 — Keramika iz mogil'nika Tigrovaja Balka (bronzovyj vek). — MKT, vyp. 3, 29 – 67.

P'jankova L. T. 1979 a — Otčet o rabote Nurekskogo archeologičeskogo otrjada. — ART, vyp. XIV (1974 god), 78 – 92.

P'jankova L. T. 1979 b — Raskopki na poselenii bronzovogo veka Tuguzak v 1979 g. — ART, vyp. XIX (1979 god) (im Druck).

P'jankova L. T. 1980 a — O rabote Nurekskogo otrjada. — AO 1979 goda. Moskva, 477 – 478.

P'jankova L. T. 1980 b — O raskopkach na poselenii bronzovogo veka Teguzak v 1980 g. — ART, vyp. XX (1980 god) (im Druck).

P'jankova L. T. 1981 a — Nachodki bronzovogo veka iz Nureka. — In: Materialy po istorii i istorii kul'tury Tadžikistana. Dušanbe, 30 – 39.

P'jankova L. T. 1981 b — Jugo-Zapadnyj Tadžikistan v ėpochu bronzy. — Informacionnyj bjulleten' Meždunarodnoj associacii po izučeniju kul'tur Central'noj Azii. Moskva, vyp. 1, 33 – 45.

P'jankova L. T. 1981 c — Bronze Age Settlements of Southern Tadjikistan. — In: The Bronze Age Civilization of Central Asia: Recent Soviet Discoveries. New York, 287 – 310.

P'jankova L. T. 1982 a — Vachšskaja i beškentskaja kul'tury. — In: Drevnejšie kul'tury Baktrii: sreda, razvitie, svjazi: Tezisy pervogo sovetsko-francuzskogo simpoziuma. „Archeologija drevnejsej Baktrii" (Dušanbe, 27 oktjabrja – 3 nojabrja 1982 goda). Dušanbe, 70 – 73.

P'jankova L. T. 1982 b – Drevnie skotovody Baktrii (o vachsskoj i beškentskoj kul'turach). – In: Kul'tura pervobytnoj ėpochi Tadžikistana (ot mezolita do bronzy). Dušanbe, 41 – 64.

Priščepenko L. V., Šapošnikova O. L. 1970 – Novye materialy dija izučenija keramiki archaičeskogo Dachistana. – KD, vyp. III, 184 – 194.

Rachmanov U. 1979 – Raskopki keramičeskich gornov kul'tury Sapalli na Bustane 4. – IMKU, vyp. 15, 35 – 43.

Rachmanov U. Zoomorfnye izobraženija na keramike pamjatnika ėpochi bronzy Bustan 4. – IMKU, vyp. 16, 37 – 30.

Ranov V. A. 1963 – Kamennyj vek Tadžikistana: Obobščajuščij doklad po rabotam, predstavlennym k zaščite na soiskanie učen. stepeni kand. ist. nauk. Dušanbe.

Ranov V. A. 1980 – Drevnepaleolitičeskie nachodki v lessach Južnogo Tadžikistana. – In: Granica neogena i četvertičnoj sistemy: Sb. dokl. MSGN – JuNESKO. Mežd. programma geologič. korreljacii. Proekt No. 41 „Granica neogena i četvertičnoj sistemy". Meždunar. sojuz po izučeniju četvertičnogo perioda. Podkomissija po granice pliocena i plejstocena, 195 – 201.

Ranov V. A., Korobkova G. F. 1971 – Tutkaul – mnogoslojnoe poselenie gissarskoj kul'tury v Južnom Tadžikistane. – SA, Nr. 2, 133 – 147.

Rapoport Ju. A. 1971 – Iz istorii religii drevnego Chorezma (ossuarii). – TChAĖĖ, t. VI.

Romanova E. N., Semencov A. A., Timofeev V. I. 1972 – Radiouglerodnye daty obrazcov iz Srednej Azii i Kazachstana laboratorii LOIA AN SSSR. – USA, vyp. 2, 57 – 62.

Rtveladze E. V. 1981 – Bronzovyj kinžal iz Južnogo Uzbekistana (Vachšuvar). – SA, Nr. 1, 285 – 286.

Sagdullaev T., Chakimov Z. 1976 – Archeologičeskoe izučenie gorodišča Kyzyltepe. (Po itogam rabot 1973 – 1974 gg.). – In: Baktrijskie drevnosti: Predvaritel'nye soobščenija ob archeologičeskich rabotach na juge Uzbekistana. Leningrad, 24 – 30.

Sal'nikov K. V. 1951 – Bronzovyj vek Južnogo Zaural'ja. – MIA, Nr. 21. Materialy i issledovanija po archeologii Urala i Priural'ja. T. II, 94 – 151.

Sal'nikov K. V. 1957 – Kipel'skoe selišče. – SA, XXVII, 193 – 208.

Sal'nikov K. V. 1967 – Očerki drevnej istorii Južnogo Urala. Moskva.

Samojlik P. 1971 – Golos tysjačeletij. Večernij Dušanbe, 6 dekabrja.

Samojlik P. 1975 – Vstreča s prošlym. Večernij Dušanbe, 25 marta.

Sapožnikov G. N. 1973 – Zapovedniki Tadžikistana. Dušanbe.

Sarianidi V. I. 1961 – Ėtneolitičeskoe poselenie Geoksjur. – TJuTAKĖ, t. X, 225 – 318.

Sarianidi V. I. 1964 – Chapuz-depe kak pamjatnik ėpochi bronzy. – KSIA, vyp. 98. Pamjatniki Kavkaza i Srednej Azii, 60 – 65.

Sarianidi V. I. 1965 – Pamjatniki pozdnego ėneolita Jugo-Vostočnoj Turkmenii. – SAI, vyp. B 3 – 8, IV.

Sarianidi V. I. 1972 – Raskopki Tillja-Tepe v Severnom Afganistane: Materialy k archeologičeskoj karte Severnogo Afganistana. Vyp. I. Moskva.

Sarianidi V. I. 1974 – Baktrija v ėpochu bronzy v Margiane. – SA, Nr. 2, 20 – 28.

Sarianidi V. I. 1975 – Stepnye plemena ėpochi bronzy v Margiane. – SA, Nr. 2, 20 – 28.

Sarianidi V. I. 1976 a – Issledovanie pamjatnikov Dašlinskogo oazisa. – In: Drevnjaja Baktrija: Materialy Sovetsko-Afganskoj ėkspedicii 1969 – 1973 gg., 21 – 86.

Sarianidi V. 1976 b – Ancient Horasan and Bactria. – In: Le plateau Iranien et l'Asie Centrale dès origines à la conquête islamique: Leurs relations à la lumière des documents archéologiques: Colloques internationaux du Centre National de la Recherche Scientifique, No. 567 [Paris, 22 – 24 mars], Paris, 129 – 142.

Sarianidi V. I. 1977 – Drevnye zemledel'ca Afganistana: Materialy Sovetsko-Afganskoj ėkspedicii 1969 – 1974 gg. Moskva.

Sarianidi V. I. 1979 — K voprosu o kul'ture Zamanbaba. — In: Etnografija i archeologija Srednej Azii. Moskva, 23 - 28.

Sarianidi V.I. 1981 — Margiana in the Bronze Age. In: The Bronze Civilization of Central Asia: Recent Soviet Discoveries. New York, 165 - 1983.

Sarianidi V. I. 1981 a — Zerkala drevnej Baktrii. — SA, Nr. 1, 288 - 293.

Sarianidi V. I., Kačuris K. A. 1968 — Raskopki na Ulug-depe. — AO 1967 goda. Moskva, 342 - 345.

Schmidt E. F. 1933 — Tepe Hissar Excavation 1931. — The Museum Journal, vol. XXIII, No. 4, Philadelphia.

Schmidt E. F. 1937 — Excavations at Tepe Hissar, Damghan. — Publication of the Iranian Section of the University Museum, Philadelphia.

Ščukin I. S. 1936 — Prirodnye elementy landšaftov Tadžikistana i ich značenie kak proizvoditel'noj sily. — MTPE, vyp. XXIII, 7 - 85.

Sidorenko G. T. 1961 — Južno-Tadžikistanskij geobotaničeskij rajon. — Sb. trudov Tadž. filiala Geograf. ob-ščva Sojuza SSR, Stalinabad, vyp. 2, 69 - 77.

Šilov V. P. 1975 — Modeli skotovodčeskich chozjajstv stepnych oblastej Evrazii v epochu eneolita i rannego bronzovogo veka. — SA, Nr. 1, 5 - 16.

Silvi Antonini C. S., Stacul G. 1972 — The Proto-Historic Graveyards of Swat (Pakistan). Part 1. Description of graves and finds. Text. Rome (IsMEO. Reports and memoirs vol. VII, 1).

Sinicyn I. V. 1959 — Archeologičeskie issledovanija Zavolžskogo otrjada (1951 - 1953 gg.). — MIA, Nr. 60. Drevnosti Nižnego Povolž'ja. (Itogi rabot Stalingradskoj Archeologičeskoj ekspedicii). T. I, 39 - 205.

Skakun N. N. 1972 — Funkcional'noe issledovanie kamennych nakonečnikov strel epochi bronzy. — KD, vyp. IV, 161 - 166.

Smirnov K. F. 1957 — O pogrebenijach s konjami i truposožženijach epochi bronzy v Nižnem Povolž'e. — SA, XXVII, 209 - 221.

Smirnov K. F. 1964 — Savromaty. Rannjaja istorija i kul'tura sarmatov. Moskva.

Smirnov K. F., Kuz'mina E. E. 1977 — Proizchožděnije indoirancev v svete novejšich archeologičeskich otkrytii. Moskva.

Smoličev P. I. 1949 — Pogrebenija so skorčennymi kostjakami v rajone g. Stalinabada. — ITF AN SSSR, Nr. 15. Istorija i etnografija, 75 - 83.

Snesarev G. P. 1969 — Relikty domusul'manskich verovanij i obrjadov u uzbekov Chorezma. Moskva.

Sorokin V. S. 1962 — Mogil'nik bronzovoj epochi Tasty-Butak I v Zapadnom Kazachstane. — MIA, Nr. 120.

Spriševskij V.I. 1957 — Čustskoe poselenie epochi bronzy. (Iz. raskopok 1954g.). — KSIIMK, vyp. 69,40 - 49.

Spriševskij V. I. 1958 — Raskopki Čustskogo poselenija v 1956 g. — SA, Nr. 3, 185 - 189.

Spriševskij V. I. 1974 — Katalog archeologičeskich materialov epochi kamnja i bronzy. Akad. nauk Uz. SSR. Muzej istroii narodov Uzbekistana im. M. T. Ajbeka. Taškent.

Stanjukovič K. F., Šukurov A. Š. 1968 — Prirodnoe rajonirovanie. — Atlas Tadžikskoj Sovetskoj Socialističeskoj respubliki. Dušanbe, Moskva, 115 - 116.

Stacul G. 1965 — Excavation near Chaligai (1976) and Chronological Sequence of the Protohistorical Cultures in the Swat Valley (Pakistan). — EW, vol. 19, No. 1 - 2, 44 - 91.

Stacul G. 1976 — Excavation at Loebanr III (Swat, Pakistan). — EW, vol. 26, No. 1 - 2, 13 - 31.

Šternberg L. Ja. 1936 — Pervobytnaja religija v svete etnografii: Issledovanija, stat'i, lekcii. Leningrad.

Stokolos V. S. 1972 — Kul'tura naselenija bronzovogo veka Južnogo Zaural'ja. Chronologija i periodizacija. Moskva.

Šurc G. 1923 — Istorija pervobytnoj kul'tury. Vyp. II. Moskva.

Tejlor É. 1939 — Pervobytnaja kul'tura. Moskva.

Terenožkin A. I. 1948 — Archeologičeskie nachodki v Tadžikistane. — KSIIMK, vyp. XX, 74 - 77.

Tichonov V. G. 1960 — Metalličeskie izdelija epochi bronzy na Srednem Urale i v Priural'e. — MIA, Nr. 90.

Tokarev S. A. 1957 — Religioznye verovanija vostočnoslavjanskich narodov XIX- načala XX veka. Moskva.

Tokarev S. A. 1964 — Rannie formy religii i ich razvitie. Moskva.

Tolstov S. P. 1948 — Drevnij Chorezm. Opyt istoriko-archeologičeskogo issledovanija. Moskva.

Tolstov S. P., Ždanko T. A., Itina M. A. 1963 — Raboty Chorezmskoj archeologo- ètnografičeskoj ékspedicii AN SSSR v 1958 - 1961 gg. — MChÉ, vyp. 6. Polevye issledovanija Chorezmskoj ékspedicii v 1958 - 1961 gg., I. Obščij otčet. Pamjatniki pervobytnogo i antičnogo vremeni, 3 - 90.

Tosi M. 1969 — Excavations at Shahr-i-Sokhta: Preliminary Report on the Second Campaign, September-December 1968. — EW, vol. 19, No. 3 - 4, 283 - 387.

Tosi M., Piperno M. 1975 — The Graveyard of Sahr-e-Suxteh. (A Presentation of the 1972 and 1973 Campaings). — In: Proceedings of the III rd Annual Symposium of Archaeological Research in Iran. Tehran, 121 - 140.

Tosi M., Wardak R. 1972 — The Fulloi Hoard: A New Find from Bronze Age Afghanistan. — EW, vol. 22, No. 1 - 2, 9 - 17.

Valichanov Č. Č. 1961 a — Zapiski o kirgizach. — Valichanov C. C., Sobr. soč. V 5-ti t. T. I. Alma-Ata, 301 - 379.

Valichanov Č. Č. 1961 b — Sledy šamanstva u kirgizov. — Valichanov C. C., Sobr. soč. V 5-ti t. T. I. Alma-Ata, 469 - 493.

Vanden-Berghe L. 1964 — La nécropole de Khurvın. — Publications de l'Institut historique et archéologique Néerlandais de Stambul, XVII. Istanbul.

Vavilov N. I., Bukinič D. D. 1959 — Zemledel-českij Afganistan. — Vavilov N. I., Izbrannye trudy. V 5-ti t. T. I. Moskva, Leningrad.

Vinogradova N. M. 1978 — Otčet o rabotach otrjada po izučeniju pamjatnikov bronzovogo veka JuTAÉ — ART, vyp. XVIII (1978 god) (im Druck).

Vinogradova N. M. 1979 — Raboty otrjada po izučeniju pamjatnikov épochi bronzy JuTAÉ vesnoj 1979 g. — ART. vyp. XIX (1979 god) (im Druck).

Vinogradova N. M. 1980 a — O raskopach na poselenij bronzovogo veka Kangurttut: Soobščenie na zasedenii sektora archeologii i numizmatiki Instituta istorii im. A. Doniša AN Tadž. SSR I okt. 1980 g.

Vinogradova N. M. 1980 b — Otčet o raskopkach mogil'nika Tandyrjul v 1975 g. — ART, vyp. XV (1975 g.), 63 - 74.

Vinogradova N. M. 1982 — Bronzezeitgräber von Tandyriul. — Beitr. AVA 4, 1982, 23ff.

Vinogradova N. M., P'jankova L. T. 1977 — Raboty v Gissarskoj doline v 1977 g. — ART, vyp. XVII (1977 god) (im Druck).

Vinogradova N. M., P'jankova L. T. 1978 — Raboty v Gissarskoj doline. — AO 1977 goda. Moskva, 554 - 555.

Višnevskaja O. A., Itina M. A. 1971 — Rannie saki Priaral'ja. — MIA, Nr. 177, 197 - 208.

Zadneprovskij Ju. A. 1962 — Drevnezemledel'českaja kul'tura Fergany. — MIA, Nr. 118.

Zadneprovskij Ju. A. 1978 — Čustskaja kul'tura Fergany i pamjatniki ranneželeznogo veka Srednej Azii: Avtoref. diss. . . . d-ra ist. nauk. Moskva.

Zapparov S. Ch., Rtveladze E. V. 1976 — Raskopki drevnebaktrijskogo poselenija Talaškan-tepe I. — In: Baktrijskie drevnosti: Predvaritel'nye soobščenija ob archeologičeskich rabotach na juge Uzbekistana. Leningrad, 19 – 24.

Zdanovič G. B. 1973 — Keramika ėpochi bronzy Severokazachstanskoj oblasti. — VAU, vyp. 12, 22 – 43.

Zejmal' E. V. 1958 — Mednyj topor iz kišlaka Arakčin. — SRIKM, vyp. III, 19 – 23.

Zejmal' T. I. Drevnezemledel'českoe poselenie Boldaj-tepe. — MKT, vyp. 2, 80 – 101.

Zimma B. 1948 — Očag androvskoj kul'tury v Severnoj Kirgizii. — TIJaLI Kirg. FAN SSSR, vyp. II. Frunze, 113 – 127.